LA

FRANCE MONARCHIQUE

ET

LA FRANCE RÉPUBLICAINE

LA FRANCE.

MONARCHIQUE

ET LA

FRANCE RÉPUBLICAINE

PAR

Le Docteur **BONIFAS**

SE TROUVE

CHEZ TOUS LES LIBRAIRES

1871

ÉLECTEURS DE SEINE-&-MARNE

C'est à vous que je dédie ces quelques pages où je m'efforce de porter un peu de lumière sur les questions qu'il importe le plus à notre malheureux pays de résoudre.

Vous connaissez généralement fort mal ceux que vous êtes appelés à élire; ce n'est pas dans une profession de foi de deux pages, dans un petit discours prononcé dans une réunion publique, que vous pouvez les juger en pleine connaissance de cause. Prochainement, vous allez élire les membres de l'Assemblée Constituante; de cette Assemblée dépendra l'avenir de la France : si elle sait vous donner une constitution adaptée aux besoins et aux vrais intérêts du pays, et si nous savons la respecter, la France se relèvera de ses malheurs avec une facilité merveilleuse; si au contraire cette Assemblée méconnaît la réalité des choses, et, emportée par la passion, refuse de s'y soumettre et d'y conformer ses décisions, attendez-vous à des révolutions et à des coups d'état interminables, jusqu'à ce que la nation expire dans ces convulsions périodiques.

Tous les partis ont fait de grandes fautes.

Après l'appui inepte et immoral qu'il a donné à l'empire, et dont nous subissons les désastreuses conséquences, le parti conservateur a le droit d'être modeste et défiant de lui-même. Ce parti a raison, pleinement raison, quand il veut assurer l'ordre, la tranquillité, la sécurité du commerce et des affaires; une nation ne peut en effet prospérer et durer qu'à ces conditions ; mais il a tort, complètement tort, quand il demande le maintien de l'ordre à l'arbitraire et à la dictature : c'est le pire des abris, et pas durable. Il faut que ce parti soit bien convaincu que pour posséder les biens qui lui tiennent le plus à cœur, la France est condamnée à être libre, et les Français condamnés à agir virilement; il doit renoncer à l'abdication perpétuelle qui a, jusqu'à ce jour, été sa seule politique; il est trop nombreux et trop important pour que son inaction ne produise pas un vide funeste; il faut qu'il ait des idées et des opinions à lui; jusqu'ici il n'a pensé et voulu qu'une chose, et mauvaise : se confier aveuglément au pouvoir, en se déchargeant sur lui de tout travail et de tout souci.

Le parti républicain, avec des aspirations plus généreuses, n'est pas plus éclairé que le parti conservateur sur les véritables conditions de l'établissement de la liberté en France. Pour une fraction de ce parti, la liberté n'est rien, la République n'est pour elle, comme la Monarchie pour certains monarchistes, qu'un moyen de satisfaire des appétits. Il se figure trop aisément que le mot de République suffit à tout, répond à tout. Faute de connaître l'histoire de France et du monde moderne, il est plein d'illusions, plein de préjugés, et méconnaît la manière de fonder une République durable; il incline trop à la dictature au profit de ses idées, ou tout au moins à une concentration exagérée des pouvoirs, destructive de toute liberté. Lorsqu'il a été porté aux affaires par le jeu des révolutions, il a, comme le parti conservateur, et plus promptement que lui, laissé tout dépérir entre ses mains. Qu'il travaille, qu'il étudie; alors, mais seulement alors, il pourra jouer un rôle prépondérant dans les destinées du pays.

Pour moi, je suis républicain.

Cette conviction n'est pas le résultat de la passion, c'est le résultat de la réflexion et de l'étude de l'histoire de France, surtout pendant ces quatre-vingts dernières années : le principe monarchique, qui est l'hérédité, a reçu en France de trop profondes atteintes pour qu'un homme de sens espère qu'il s'en puisse relever jamais.

Pour nous Français, la Monarchie est une grande et belle route, bien pavée, bien entretenue, sur laquelle on roule avec facilité ; cette route conduit aux révolutions et aux abîmes. La République est une route montueuse, rocailleuse, difficile, cotoyant les précipices ; avec de la bonne volonté, du sang-froid, de la vigilance, de l'énergie, et la connaissance des endroits dangereux, on franchit tous les mauvais pas, et l'on arrive dans une plaine riche, féconde, et qui s'étend à l'infini.

Si vous êtes des hommes, prenez la seconde route ; si vous n'en êtes pas, prenez la première, seulement hâtez-vous de jouir, car elle n'est pas longue et l'abîme est au bout.

Pardonnez à la rudesse de mon langage ; quand on aime et qu'on respecte les gens, on leur dit la vérité. Il y a trop longtemps que nous vivons de flatteries et de mensonges ; c'est ce qui nous a perdus. Les Napoléon nous appelaient la grande nation ; à quoi cela nous a-t-il servi ?

Je ne me fais aucune illusion sur les chances que je puis avoir d'être nommé par vous ; je n'ai ni le temps ni l'argent nécessaires pour entreprendre une campagne électorale, et je suis complètement inconnu, mais dans les circonstances où se trouve la France, c'est le devoir de tout homme de cœur qui croit avoir quelque chose d'utile à dire, de le dire hautement et à visage découvert.

C'est ce devoir que je viens accomplir aujourd'hui ; si je parviens à donner quelques lumières à quelques-uns, à forcer tous ceux qui me liront à réfléchir sur les causes de nos malheurs et sur les moyens d'y porter remède, je serai largement payé de ma peine.

Dʳ **BONIFAS**,

Candidat à la Constituante.

Chenoise, 20 Février 1871.

LA FRANCE MONARCHIQUE

ET

LA FRANCE RÉPUBLICAINE

AVANT-PROPOS

Au point où se trouve la France, il serait puéril de se dissimuler que si elle ne peut trouver dans la forme républicaine l'ordre et la liberté, double condition indispensable de vie pour tout peuple qui aspire à jouer un rôle dans le monde, elle est condamnée sans rémission et présentera bientôt le spectacle désolant des républiques de l'Amérique du Sud, où rien n'est stable, où les coups de violence succèdent à court intervalle aux coups de violence, où la justice n'est qu'un vain mot, où les propriétés et les personnes n'ont aucune sécurité, où l'ordre est une chimère, et où la liberté n'est qu'un fantôme s'évanouissant entre les mains qui croient la saisir. La dernière tentative d'établissement monarchique a eu des résultats trop épouvantables pour que, si la nation conserve encore une lueur de bon sens, elle ne renonce pas à tout jamais à la monarchie.

Vainement objecterait-on que par deux fois, dans notre histoire, la République s'est montrée inhabile à fonder l'ordre et la liberté, que si lors de sa première apparition elle a réussi à donner l'ordre, ordre terrible et dont la base était l'échafaud, elle n'a pu donner la liberté, et a abouti en passant par l'impuissance et l'anarchie à fonder la dictature impériale ; que si lors de sa seconde apparition, elle a réussi à donner la liberté, elle a été impuissante à donner l'ordre : que par conséquent tout aussi bien que la monarchie elle a fait preuve d'impuissance. L'objection est fondée en fait, et je ne nie pas que la République de 1870, comme ses devancières ne puisse échouer ; mais ce que j'affirme, c'est que si elle échoue, la monarchie sera encore plus impuissante qu'elle, et que nous verrons dans ce cas la France descendre tous les degrés dans l'échelle des peuples.

La flatterie est depuis longtemps hors de saison, et il n'est que temps de montrer aux différents partis qui se partagent la France, que chacun à son tour, lorsqu'il a été porté aux affaires par le jeu des révolutions, a manqué à sa mission, a été ou cause directe de nos malheurs ou n'a pas su mettre la main sur la plaie.

Il n'y a en réalité que deux partis : le parti soit disant conservateur, et le parti soit disant avancé; ils semblent qu'ils se disputent l'un à l'autre la palme de l'égoïsme et de la folie; l'un, tremblant pour ses biens, s'écrie partout : Périsse la France plutôt que ma province, périsse la province plutôt que ma ville, périsse la ville plutôt que ma maison; et l'autre, sans connaissances, croyant tout savoir sans avoir jamais rien appris, veut profiter des malheurs de la patrie pour réaliser sur terre on ne sait quel rêve malsain de paradis matérialiste, et comme si ce n'était assez des blessures faites à la France par le fer de l'étranger, on l'a vu, hardiement, sans remords, à Marseille, à Lyon, à Paris, enfoncer le poignard dans la plaie comme pour l'agrandir.

Fait capital dans l'histoire de notre malheureux pays, jamais la nation n'a fait son éducation politique, jamais elle ne s'est occupée de ses affaires. On dit souvent que le mal de la France vient de sa division en cent partis divers : je ne connais pas d'assertion plus fausse. Il y a bien des partis, mais ils n'existent qu'à la surface, chacun compte un certain nombre, je ne dirai pas de chefs, mais de têtes de colonnes, tandis que le reste de la nation, masse inerte, reste étrangère à tous ces partis, et constitue un troupeau docile que mène à son gré le premier usurpateur venu, ou la première faction qui a assez d'habileté pour s'emparer du pouvoir.

Eh bien ! c'est de cette léthargie qu'il faut tirer la France.

Le temps des sauveurs est passé, et ce n'est ni un homme, ni une famille, ni même un parti qui peut être l'instrument de notre salut; le salut doit être l'œuvre de tous, et une fois obtenu, la propriété de tous; une fois conquis, tous doivent travailler à le conserver intact; la nécessité seule peut nous apprendre quels sont nos devoirs, et c'est seulement avec la forme républicaine que nous aurons, si nous en sommes encore capables, le sentiment de notre responsabilité. Avec la forme monarchique, nous retomberons dans notre péché d'habitude de laisser-aller et de paresse politique incurable, et après quelques années de calme trompeur, les mêmes causes produisant les mêmes effets, nous serons en proie à de nouveaux bouleversements. Avec la République, au contraire, toujours obligés d'être sur le qui-vive, de surveiller attentivement les affaires publiques, nous finirons par apprendre notre métier et par savoir nous gouverner nous-mêmes.

Voilà les raisons pour lesquelles je crois toute restauration monarchique inefficace et de peu de durée. Si par malheur nous échouons dans cette tentative suprême, la France n'aura été qu'un brillant avorton.

Sans se donner la peine de remonter bien loin dans notre histoire, et d'y faire des recherches qui exigeraient, pour être fructueuses, des développements plus considérables que ne le comportent les limites de ce modeste travail, il est facile de caractériser d'un mot la France monarchique.

La Centralisation,

La centralisation la plus excessive, la plus outrée, tel est l'héritage que nous a légué l'ancienne monarchie, et dont elle a poursuivi patiemment la conquête à travers les siècles. Cet héritage était celui des Romains ; c'est un spectacle curieux pour qui lit, autre part que dans des précis sans valeur, l'histoire des différents établissements des barbares, surtout en Italie et en France, que cette préoccupation constante du plus petit roitelet, comme du plus puissant conquérant, de rétablir à son profit la monarchie administrative et fortement centralisée des César de Rome. Nulle part, après de longs siècles de luttes et de traverses de tout genre, cette tentative, malheureusement pour nous, n'a aussi complètement réussi qu'en France. Il serait aisé de démontrer que, ce point excepté, nulle autre nation que la France, pas même la libre république des Etats-Unis, n'est sous tous les rapports dans d'aussi heureuses conditions pour constituer une démocratie libre, prospère, paisible, j'ajouterai aimable ; mais ce point a une importance telle qu'il risque, si nous ne savons dénouer la difficulté, d'empoisonner tout le reste et de nous conduire à notre perte.

Avec la centralisation, on est avocat, médecin, ingénieur, commerçant, industriel, banquier, rentier, on est tout en un mot, excepté citoyen ; on n'a pas à s'occuper des affaires publiques : les ministres, les préfets, les maires, les employés de toute sorte et de vingt administrations différentes, sont seuls chargés de faire mouvoir les ressorts de la vie publique ; quant au gros de la nation, qu'il reste dans son ménage et ne s'occupe de rien, toute vie politique lui est enlevée et se réfugie au centre. Alors, qu'arrive-t-il ? Que celui qui est maître de Paris est maître de la France, et que celui qui est maître de l'Hôtel-de-Ville est maître de Paris.

La centralisation, c'est une petite boîte dans laquelle se trouvent réunis en faisceau tous les fils qui font mouvoir les six cent mille pantins fonctionnaires qui gouvernent la France, et, chose singulière, ne la peuvent gouverner que si le détenteur de la boîte aux fils daigne les mettre en mouvement. Rien n'est plus dangereux que l'existence de cette petite boîte : la nation ne croit pouvoir vivre sans elle, ne s'en étant jamais passé ; dès que les fils s'embrouillent, elle perd la tête et n'a rien de plus pressé que de la remettre à un sauveur de fortune, avec prière de mettre un peu d'ordre dans cet écheveau embrouillé, et de vouloir bien tirer les fils pour faire marcher les pantins restés immobiles et effarés. La tentation est grande pour les aventuriers, et les factions de s'emparer de cette boîte dont la possession rend maître de la France ; aussi, tous les partis se gardent bien de détruire ce talisman funeste, espérant un jour s'en emparer ; de là des révolutions et des tentatives de révolution incessantes.

Ceci est déjà grave, mais il y a quelque chose de plus grave encore : la centralisation a un effet plus funeste, c'est d'enlever aux partis leur fonction naturelle, de les fausser complètement et d'en faire, au lieu d'instruments de la vie de la nation, une force qui se retourne contre elle. Tous les partis, en France surtout, se réduisent à deux : le parti conservateur et le parti du progrès, ayant des fonctions différentes, mais point opposées, plus nécessaires à une nation qu'à un homme son bras droit et son bras gauche. Par le fait de la centralisation, le parti conservateur, au lieu de vivre et d'agir par lui-même, de représenter et de défendre les positions acquises dans la presse, dans les réunions publiques et surtout dans les élections, se trouve réduit à la triste nécessité de tout approuver, d'assister impuissant aux plus grandes comme aux plus petites fautes du pouvoir, car la centralisation forme un réseau qui enserre la France entière, depuis la plus humble commune jusqu'aux régions les plus élevées.

Une maille emportée détruirait tout l'ouvrage.

Le pouvoir est responsable de tout, parce qu'il se mêle de tout, et si par hasard on lui fait opposition pour un chemin vicinal, on le blesse et on lui nuit presqu'autant que si on lui fait opposition pour les grandes affaires de l'état ; la moindre critique lui est insupportable, et le parti conservateur n'a qu'à emboîter silencieusement et docilement le pas derrière lui ; il n'est plus ce qu'il doit être : un parti puissant, pouvant donner ou refuser son appui, et avec lequel on est obligé de compter ; il n'est que la propriété du pouvoir, sa chose domestique, son organe, et quand le pouvoir vient à disparaître, le parti est anéanti avec lui et demeure incapable de se défendre soi-même. M. Chaix d'Est-Ange, ministre sans portefeuille, faisait un jour au Corps Législatif la théorie des amis du pouvoir. Les amis du premier degré, disait-il, sont ceux qui approuvent toujours ; les amis du second degré, ceux qui approuvent le plus souvent, et blâment quelquefois ; enfin, ceux du troisième degré, qui approuvent rarement et blâment presque toujours. M. Chaix d'Est-Ange ajoutait cyniquement que le pouvoir ne voulait que des amis du premier degré.

Quant au parti avancé, la centralisation a sur lui d'aussi funestes effets que sur le parti conservateur, si celui-ci est réduit à l'approbation systématique ; celui-là, comme le pouvoir, est seul à penser, à agir, à vivre en un mot de la vie réelle, se trouve rejeté dans la vie fantastique, il n'a rien à faire : c'est à peine s'il peut parler et écrire, mais la parole et la plume ne constituent pas la vie, ce sont de bons instruments lorsqu'on a quelque chose à faire ; mais lorsqu'on n'a aucune besogne à accomplir, la force qu'ils représentent se retourne contre ceux qui l'emploient, de même qu'une machine usera ses organes, si, chauffée à toute vapeur, on n'utilise à aucun travail la force qu'elle développe. Jeté hors de la vie réelle, puisque le pouvoir agissant seul, toute action réelle lui est refusée, il forme mille projets plus chimériques les uns que les autres, alarme les intérêts, et par ses folies discrédite la liberté. La centralisation détourne ce parti de l'effort continu, légal, pour arriver à la réalisation de ses idées ; c'est bien la peine de chercher leur triomphe dans des luttes quotidiennes par la plume et la parole, lorsqu'un coup de force et de hasard peut rendre maître de la France ! La centralisation, par l'appât qu'elle présente aux partis, tue toute idée de progrès légal, comme est tué tout amour du travail chez celui qui veut faire fortune en mettant à la loterie.

Pour bien montrer les funestes effets de la centralisation, je sais qu'en l'attaquant je blesse des préjugés chers à la France ; je veux m'arrêter un instant sur la monarchie de juillet et sur sa chute en 1848.

Si jamais la France a eu un roi honnête, instruit, ménager de l'argent et du sang de ses sujets, donnant lui et sa famille le spectacle d'une vie exemplaire, c'est le roi Louis-Philippe ; on lui a fait de nombreux reproches, la plupart sans fondements sérieux ; je ne veux ni les rappeler, ni les réfuter ; si jamais la France, en dehors de son roi, a eu des ministres probes (les rares exceptions qu'il y a pu avoir n'ont pas échappé à la rigueur des lois), connaissant l'histoire de leur pays et celle de l'Europe, scrupuleux observateurs de la légalité, empreints de l'esprit du xviiie siècle dans ce qu'il avait de meilleur et de plus humain, habiles à manier les hommes et les affaires, ayant donné la preuve de leurs capacités politiques à l'extérieur et à l'intérieur, dans des conjonctures graves et délicates, c'est bien sous la monarchie de 1830. Ce régime a donné au pays dix-huit années de prospérité réelle, solide, et après sa chute, en 1848, sa liquidation n'a imposé aucune charge onéreuse à la France, et cependant ce régime n'a pu tenir, il s'est effondré comme par hasard, au grand ébahissement de ses adversaires comme de ses amis qui, bien que nombreux, n'ont pu, je ne dirai pas le soutenir, mais tenter le moindre effort pour l'arrêter ou le relever dans sa chute. C'est là un phénomène bien digne des méditations du politique. On a cherché à ce fait diverses explications, la plupart sans fondements. On a accusé la corruption électorale d'avoir fait tout le mal ; il y en avait, je le concède, mais elle ne dépassait pas la dose inhérente à la nature humaine, et depuis lors on a supporté pire sans sourciller ; on a invoqué le système électoral et le cens à 200 fr.; ceci est plus sérieux, mais comme le fait très-bien remarquer le duc de Broglie, le roi était vieux, et à sa' mort on était sûr d'obtenir une réforme électorale bien plus complète que celle qu'on aurait pu lui arracher de son vivant : ce n'était donc pas la peine de jeter le pays dans une révolution pour un résultat qu'on était sûr d'atteindre dans un court délai.

Le mal dont est mort la monarchie de juillet est un mal qu'elle n'avait pas créé, dont elle avait hérité de ses prédécesseurs, et dont aucun n'avait ni su ni voulu débarrasser la France ; son tort, son grand tort, a été au milieu des difficultés de toute sorte qui l'ont assaillie de toutes parts pendant la durée de son existence, de ne voir que les combats du jour qu'elle était obligée de livrer, de ne pas le prendre de plus haut, et de ne pas appeler le pays tout entier à la vie politique ; elle a conservé la centralisation sans oser y toucher ; malgré la liberté réelle de la tribune et d'une presse privilégiée, elle a laissé le pays étranger à la direction de ses destinées, et les fonctionnaires n'en ont pas moins été que dans le passé les véritables maîtres du pays ; eux seuls étaient quelque chose, tout le reste n'était rien. Dans les dernières années de son règne, Louis-Philippe disait : « La France veut être gouvernée par les préfets. » C'est commode en effet pour ceux qui détiennent le pouvoir, c'est commode également pour les citoyens, en trop grand nombre, hélas ! qui ne veulent s'occuper que de leurs intérêts privés et n'ont souci des affaires publiques, mais c'est dangereux, et au jour du péril ces préfets qui gouvernent si bien la France, sont balayés tout comme le roi, et sont impuissants à rien faire pour lui.

J'admets pleinement la manière de voir des hommes qu'a renversés la révolution de février : elle est venue par surprise, a également étonné les vainqueurs et les vaincus ; tous les prétextes mis en avant pour la justifier sont vains et sans fondement. Plus cela est vrai et plus ils sont coupables. Cette révolution était possible, puisqu'elle est arrivée ; ils devaient prévoir cette possibilité et ce qui en était cause. Il ne fallait pas une bien grande perspicacité pour comprendre que la centralisation, c'est-à-dire que la concentration entre les mains du gouvernement et de ses agents, de toute vie politique, était une condition offrant des facilités merveilleuses aux usurpateurs et aux factions. On se dit homme d'état, et on tolère un état de choses qui est un appel continuel aux fauteurs de trouble ; on laisse, sans tâcher d'y porter remède, subsister un système en vertu duquel la France, prise comme dans un filet, est obligée d'obéir à une poignée d'aventuriers, sans même pouvoir tenter de résistance ! On se dit conservateur et on laisse subsister ce qui est le contraire de toute conservation. Plus on démontrera que la révolution de février a été un fait sans cause sérieuse, et accomplie par un moindre nombre d'individus, plus on accusera l'imprévoyance des hommes d'état qui n'ont pas su détruire le fait qui permet de pareils escamotages.

Le danger que cette centralisation à laquelle la monarchie de juillet a eu le tort immense de ne pas toucher, fait courir à l'ordre public, n'est égalé que par celui qu'elle fait courir à la liberté ; cette dernière n'a point de place dans un pareil système. les citoyens éclairés et paisibles sont bientôt rebutés d'une lutte qui reste toujours stérile contre cette immense machine qu'on appelle l'administration, et contre laquelle on a toujours tort, eût-on cent fois raison. Il faut rompre à tout prix avec ce passé funeste, il faut réagir contre ces habitudes vicieuses et invétérées, dont personne n'a su affranchir la France jusqu'à ce jour. Une monarchie quelconque est incapable de cet effort ; la pente est trop glissante, la tentation trop grande de conserver la centralisation : c'est un instrument trop commode et trop adapté à la nature de la monarchie pour qu'elle y renonce jamais.

De la Souveraineté du Peuple.

A part la Restauration, tous les gouvernements qui se sont succédé en France depuis 89 ont tous prétendu procéder sinon de la souveraineté nationale, pleinement acceptée et érigée en principe de notre droit public, du moins de la faculté reconnue en fait à la nation de n'avoir que le gouvernement en somme accepté par elle ; c'est là le seul bénéfice réel que nous ayons retiré des nombreuses révolutions que les hommes de notre temps, à peine arrivés à l'âge mur, ont pu voir s'accomplir sous leurs yeux. Ce principe de la souveraineté du peuple, s'il était bien compris, sagement pratiqué, pourrait mettre un terme aux agitations de la France. et lui faire trouver au dedans le calme et la prospérité, au dehors la paix dont, plus que jamais aujourd'hui, elle doit apprécier les bienfaits. Malheureusement , la souveraineté du peuple, épouvantail des uns, espoir chimérique des autres, mal comprise de tous, n'est susceptible de nous donner tous les biens qu'elle comporte avec elle, qu'à la condition de la bien comprendre, de savoir jusqu'où elle va, quelles sont ses limites, les droits qu'elle confère et les devoirs qu'elle impose aux citoyens du pays qui la veut prendre pour base de son état politique. Il importe au plus haut point de ne pas rester dans le vague, de bien définir cette souveraineté, sans quoi, après l'avoir encensée et lui avoir rendu en théorie les plus beaux hommages, on l'escamote comme on a fait sous le premier et le second empire, on la laisse perdre dans l'anarchie et dans une constitution mal faite, comme en 48, ou on la remplace comme on a fait sous la restauration et la monarchie de 1830, par une sorte de souveraineté bâtarde attribuée seulement à une partie de la nation, chez laquelle on suppose gratuitement plus de lumières et de patriotisme parce qu'elle a plus d'écus. La souveraineté nationale est du reste notre dernière ancre de salut; au-delà il n'y a rien que le vide, et tout ce qui était en deçà est usé, discrédité, tombé en pourriture. La royauté a fait son temps, la noblesse et la bourgeoisie, en tant que classes séparées du reste de la nation et jouissant de priviléges politiques, ont fini leur rôle et sont venues se fondre dans le reste de la nation.

La royauté a accompli sa destinée, elle a fondé l'unité nationale, elle l'a fondée par le despotisme et la centralisation; l'œuvre était bonne, mais l'instrument était détestable, et c'est pour n'avoir pas su le mettre de côté, qu'aucun pouvoir en France n'a pu, depuis 89, s'établir d'une façon définitive.

La noblesse, malheureusement en France, n'a jamais rendu à la nation aucun des services qu'elle aurait pu lui rendre : elle avait la richesse, les lumières, une situation privilégiée; de tout cela, elle n'a su tirer aucun parti; tant qu'elle a eu une existence indépendante de la royauté, et dans les luttes qu'elle a soutenues contre elle, elle n'a jamais combattu que dans son intérêt propre, sans aucun souci des intérêts de la nation, bien au contraire, et c'est ce qui explique la prodigieuse fortune de la royauté en France : c'était cette dernière qui était la véritable protectrice du peuple. Lorsque le triomphe de la royauté fut définitif, la noblesse s'effaça complètement dans la domesticité et la servilité; tout rôle politique fut terminé pour elle, elle ne conserva de sa splendeur passée que des priviléges honorifiques et sociaux humiliants et lourds pour la nation, et sans qu'aucun service politique vînt atténuer cette choquante inégalité. Au point de vue du goût, des arts, des lettres, la noblesse a été l'initiatrice du reste de la nation : le grand mouvement du xviiie siècle est là pour l'attester; mais au point de vue politique, elle a été d'une nullité déplorable, aussi la France, qui ne se rappelle à propos d'elle que priviléges iniques, qu'injustices criantes, a la noblesse en horreur. Du reste, elle est morte et bien morte : il y a encore des gens titrés et plus ou moins riches, mais il n'y a plus de noblesse; il ne peut y en avoir que par la possession de priviléges politiques et sociaux; or, de tels priviléges n'existent plus et ne peuvent plus exister : vouloir refaire une noblesse en France, c'est vouloir faire couler les fleuves de leur embouchure à leur source.

Sous la restauration et la monarchie de juillet, la bourgeoisie, dans laquelle était venue tant bien que mal se fondre la noblesse, jouait seule un rôle politique. Cette bourgeoisie privilégiée était trop peu nombreuse, elle était loin de comprendre dans ses rangs tout ce qui mérite ce nom; beaucoup de gens riches, énormément de gens éclairés, étaient exclus du pays légal, ce qui les rendait mécontents et tout naturellement hostiles à un ordre de choses qui tenait si peu compte d'eux. Resserrée dans des limites trop étroites, la bourgeoisie n'avait rien de ce qu'il fallait pour constituer une classe politique privilégiée et gouvernante : l'éclat des grands noms et l'illusion qui en résulte trop souvent aux yeux du vulgaire, lui faisait défaut, elle était mesquine, intéressée, égoïste, et, presqu'autant que l'ancienne noblesse, pouvait être à juste titre accusée de s'inquiéter fort peu de tout ce qui n'était pas elle et de ne vouloir gouverner qu'à son profit; aussi sa chute, en 48, n'inspira aucune commisération. Pas plus que la noblesse, elle ne peut espérer de se voir ressusciter à l'état de classe politique privilégiée; l'une et l'autre ont terminé leur rôle exclusif; elles sont rentrées l'une et l'autre dans la masse de la nation, avec laquelle elles seront désormais sur un pied de parfaite égalité; elles ne peuvent prétendre qu'à l'influence qu'elles sauront conquérir par leur application aux affaires, leur connaissance des grands intérêts du pays, et le soin qu'elles auront de se mettre en constants rapports avec lui.

La disparition de la royauté, de la noblesse et de la bourgeoisie, laisse la nation seule en scène ; désormais, c'est le seul acteur appelé à jouer un rôle : qu'elle le joue bien, car elle ne peut être remplacée par personne. Le fait vers lequel converge toute l'histoire de notre pays est aujourd'hui définitivement accompli, rien ne prévaudra contre lui : nous sommes à l'état de démocratie, qu'on le veuille ou non, et la nation est seule souveraine.

On a généralement en France des idées excessivement fausses sur la souveraineté du peuple : les uns sont disposés à la croire sans limites, les autres, en ayant peur, voudraient la restreindre jusqu'à l'anéantir.

La souveraineté du peuple n'est pas une souveraineté absolue, il est des bornes qu'elle ne doit pas franchir; trop de gens sont enclins à croire qu'il suffit pour qu'une résolution soit juste et légitime, qu'elle réunisse au sein de la nation la majorité des suffrages : cela n'est pas. Ainsi la majorité, l'unanimité des Français aurait beau décider que tout français doit être catholique, ou protestant, ou juif, cette décision serait entachée d'injustice et violerait le droit qu'a tout homme d'avoir, à ses risques et périls, la religion qui lui convient ou même de n'en point avoir du tout; de même la majorité n'a point le droit de restreindre la liberté de la presse ou de la parole ; tous ces droits sont inhérents à l'homme par cela seul qu'il est homme ; ils sont placés trop haut pour qu'on y puisse toucher. Nos pères, en 89, avaient devant les yeux cette limite à la souveraineté populaire, lorsqu'ils ont écrit la déclaration des droits de l'homme; les Américains ont fait de même dans ce qu'ils ont appelé plus simplement la déclaration des droits. Les uns et les autres ont voulu reconnaître par là les droits de l'être humain, et que nul coup de majorité ne peut jamais lui enlever. Cette restriction à la souveraineté populaire est fondée non-seulement sur les notions les plus élevées du droit dans

2

ce qu'il a de plus sain et de plus sacré, mais encore elle a dans la pratique ce résultat excellent d'empêcher toute tyrannie de la part de la majorité, ce qui est le grand écueil de la démocratie. Supposons en effet un instant que la majorité suffise pour rendre légitime une mesure quelconque, il arrivera infailliblement que le parti vainqueur, investi de la toute puissance législative, fera des lois en sa faveur et contraires à ses adversaires; une majorité catholique fera des lois contre les dissidents ou les philosophes ; une majorité dissidente ou philosophe, persécutera les catholiques; la majorité, quelle qu'elle soit, s'arrangera de façon à réserver à ses partisans tous les droits et toutes les facilités, en frustrant la minorité de tous les moyens d'assurer son existence, de propager et de faire triompher son opinion. Les minorités ne peuvent être respectées qu'autant qu'on a mis au-dessus des coups de majorité certains droits qui leur permettent de vivre, et de tâcher, à force d'efforts et de luttes, de devenir majorité à leur tour. Ce que nous avons vu sous le dernier empire en est un frappant exemple ; les amis du gouvernement avaient toutes libertés, tandis que ses adversaires n'en avaient aucune, et, comme cela arrive toujours en pareil cas, les premiers, parce qu'ils se sentaient libres, croyaient que tout le monde devait se trouver libre comme eux.

La souveraineté populaire trouve donc sa limite dans certains droits qui sont au-dessus d'elle ; il importe au plus haut degré qu'on place au frontispice de toute constitution républicaine un exposé clair et détaillé de ces droits ; ce point dépassé, on tombe en plein dans le système de la prépondérance des majorités ; or, il ne faut rien leur livrer que ce qui leur appartient légitimement. Cette restriction faite, la souveraineté populaire est pleine, entière, absolue, c'est-à-dire que la nation gouverne, fait les lois, juge, administre le pays tout entier ; sur tous ces points, ses pouvoirs sont illimités. Mais ici se présente dans la pratique une difficulté qu'on ne peut heurter de front, et qu'il faut nécessairement tourner, en ayant soin de ne pas laisser confisquer la souveraineté du peuple par ceux à qui sera conféré le soin de la mettre en pratique, et de ne pas la réduire à l'impuissance, sous prétexte de la faire exercer par un trop grand nombre d'individus, et à tout propos.

Il est de toute évidence que la nation ne peut gouverner directement, c'est-à-dire délibérer et décider tout entière sur chaque affaire ; elle ne peut tout entière discuter et voter chaque loi, elle ne peut administrer, c'est-à-dire percevoir les impôts, effectuer les paiements, etc., etc.; elle ne peut juger tous les procès ; et cependant c'est elle qui doit faire toute cette besogne; elle seule en a le droit ; comment sortir de cette difficulté? Les parlementaires ont une réponse toute prête : le régime représentatif. Ce régime est bon pour la fiction du régime constitutionnel, mais par suite des nécessités de notre situation, qui nous porte d'un bond jusqu'à l'extrême limite de la souveraineté nationale, le régime représentatif est dépassé, insuffisant, dangereux même ; son principal défaut est de dépouiller complètement la nation de sa souveraineté, au profit de ce qu'on appelle le parlement, quelle que soit d'ailleurs sa composition, roi, chambre haute et chambre basse, ou assemblée unique, ce qui est le pire de tout (on l'a bien vu sous la convention, qui parlait beaucoup de la souveraineté du peuple et la pratiquait fort peu, les minorités n'étaient guère respectées par elle ; elle était tout et la nation n'était qu'un instrument). Il faut arriver au régime *délégatif*, qu'on me passe ce mot nouveau qui exprime très-nettement la réalité des choses.

En principe, la nation seule gouverne, fait les lois, juge, administre, mais comme elle ne peut le faire directement, elle délègue un individu ou un ensemble d'individus à l'effet de remplir ces différentes fonctions de la vie collective, de la vie nationale ; elle délègue à chacun d'eux, dans un but déterminé, une part de souveraineté, mais en principe elle retient la souveraineté pour elle, de façon à ce qu'il ne puisse jamais y avoir usurpation de la part de ceux à qui elle a confié un mandat. Pour qu'il en soit ainsi, il y a certaines précautions à prendre : il faut que les individus à qui délégation est faite se sentent bien dans la dépendance de la nation, et ne puissent pas, comme les deux Napoléon qui prétendaient tous deux procéder de la souveraineté nationale, se substituer à elle par l'étendue de leurs attributions ; il faut donc ne donner à chaque délégué qu'un mandat bien spécifié, limité à un seul point ou à un petit nombre de points, et le laisser sans pouvoirs pour tout le reste. Il faut en outre que la durée du mandat soit courte, surtout dans le domaine politique ; dans l'administratif ce point n'a pas une très-grande importance, et pour le judiciaire je réserve la question. Lorsqu'un mandat est donné pour trop longtemps, le mandataire se moque du mandant ; on l'a bien vu sous l'empire, où les députés au Corps Législatif s'occupaient fort peu pendant cinq ans de ce que leurs électeurs pensaient d'eux : ce n'était guère que dans la dernière année qu'ils paraissaient soupçonner qu'ils allaient bientôt paraître devant eux.

Le mandat conféré par la nation étant limité quant à son objet et quant à sa durée, le mandataire est pleinement dans la main de la nation, et ne peut concevoir aucun mauvais dessein contre elle. Dans la limite de son mandat, le mandataire devient le véritable souverain, tous lui doivent l'obéissance ; s'il n'en était pas ainsi, s'il n'était pas pleinement obéi, si, sous prétexte de souveraineté du peuple, on lui refusait l'obéissance qui lui est due, le gouvernement de la nation par elle-même ne serait plus qu'un immense gâchis ; sans la soumission la plus absolue à la loi et aux mandataires de la nation, la souveraineté du peuple est impossible.

Le système de la délégation a encore un autre avantage qu'il est bon de faire ressortir : lorsque la nation se trouve dans des circonstances extraordinaires et qu'on n'a pu prévoir, elle trouve dans ce système un moyen très-simple de faire face à la difficulté. A l'heure qu'il est (*), la France est, en droit, en plein régime de souveraineté populaire, mais elle n'a pas de constitution, il semble donc que le plus pressé soit de réunir une constituante; il n'en est rien cependant, et la constituante, si elle était nommée demain, serait forcée de s'occuper de tout, excepté de faire une constitution; sa réunion serait dès lors un non sens. D'un autre côté le fardeau est bien lourd, et la responsabilité bien grande pour le Gouvernement de la Défense Nationale; le personnel qu'il a autour de lui est insuffisant quant au nombre, ce qui lui rend difficile de faire des choix pour les nombreuses fonctions auxquelles il faut donner des titulaires. Ne pourrait-on nommer par chaque arrondissement un délégué, chargé d'aider le gouvernement dans la tâche qu'il a entreprise? De cette façon, il aurait autour de lui une pépinière d'hommes possédant la confiance du pays, pouvant l'aider de leurs lumières et de leurs conseils, et parmi lesquels il pourrait choisir pour remplir des emplois de toute sorte; mais comme il importe avant tout de ne gêner en rien le Gouvernement de la Défense, les délégués ainsi nommés auraient le mandat très-limité de se mettre tout simplement à la disposition du gouvernement, qui resterait seul juge de l'utilité de leurs services et les réclamerait ou ne les réclamerait pas, à sa convenance. Ce pourrait être là une application heureuse du système de la délégation, je dis *pourrait,* car je ne veux pas traiter à fond cette délicate question, je ne la cite que comme exemple.

Ce procédé, du reste, est depuis longtemps connu des Américains, et ils y ont recours, lorsqu'il se présente une difficulté sur laquelle les lois et la constitution sont muettes. En vertu de la souveraineté du peuple, la question est tout entière réservée à la nation; aucun des pouvoirs établis n'a qualité pour la trancher. On nomme alors sur tous les points du territoire les membres d'une convention, c'est le nom consacré, qui a pour mission d'étudier la question et de la résoudre; là se borne son mandat; une fois la question résolue, les pouvoirs de ses membres sont expirés et ils rentrent dans la vie privée.

La limitation du mandat, quant à son objet et quant à sa durée, contribue à assurer le triomphe de la volonté nationale; il faut, de plus, pour atteindre ce but, une décentralisation très-large, c'est-à-dire enlever à l'état tout ce qui ne lui appartient pas, pour le donner à la commune, à l'arrondissement, à la province; ces questions fort importantes seront étudiées à propos de l'organisation provinciale.

Du Socialisme & de la Propriété.

Dans les dix dernières années environ de la monarchie de juillet, la population ouvrière des grandes villes, en première ligne de Paris et de Lyon, s'était imprégnée de ce qu'on a été convenu d'appeler, depuis 1848,

(*) Cette brochure a été écrite avant la capitulation de Paris. (NOTE DE L'ÉDITEUR.)

les idées socialistes, idées mal formulées, mais embrassées avec d'autant plus d'ardeur que, moins nettement saisies, elles n'en ouvraient qu'un champ plus vaste à l'espoir, pour la classe ouvrière, de voir s'améliorer son sort. Pris en lui-même et renfermé dans les limites que lui tracent le droit et la raison, ce désir n'a rien que de légitime, et les efforts qu'il suscite, rien que de louable. Dans les classes heureuses de la société, on n'a pas en effet sous les yeux un tableau suffisamment exact des privations, des souffrances et des malheurs souvent immérités qui pèsent parfois sur la classe ouvrière des villes. Le manque de lumières, le manque de prévoyance, l'ouvrier n'ose envisager l'avenir de peur d'en être découragé ; le peu de sécurité de son existence et de celle de sa famille, qu'un rien peut troubler, une maladie, un chômage forcé, la dureté d'une vie employée tout entière au pénible labeur de l'atelier, voilà des raisons puissantes qui portent l'ouvrier à prêter une oreille attentive et favorable à ceux qui lui promettent d'améliorer sa destinée.

Malheureusement, ce travail se fit dans l'ombre, d'une façon tout à fait clandestine, et il en résulta deux inconvénients d'une égale gravité tous les deux, et qui exercèrent une très-fâcheuse influence sur les suites de la révolution de février. Il est une loi du monde physique qui exige pour le développement sain et régulier, d'un être organiné, le grand air et la lumière en abondance ; il en est de même du développement de tout ou partie du corps social : le grand jour de la publicité et de la discussion est nécessaire pour réformer les opinions erronnées ou exagérées et pour user, dans le frottement des luttes à ciel ouvert, ce qu'il peut y avoir de malsain dans l'activité et la passion employées à soutenir une cause. Si ce travail d'élaboration et de propagande se fait en secret, les esprits s'irritent, leur étroitesse naturelle en est augmentée, chacun embrasse plus aveuglément les idées de sa coterie, trouvant dans le mystère même une raison de plus pour détester tout ce qui paraît les contrarier. Le reste de la société, qui ignorait complètement ce travail souterrain, fut effrayé de l'explosion de ses résultats après 1848, et crut voir béant sous ses pieds et creusé dans l'ombre et le silence, un abîme prêt à l'engloutir : la propriété était menacée, la frayeur était telle, que d'aucuns allaient même jusqu'à dire : « Qu'on nous laisse la moitié de nos biens, nous ferons volontiers abandon de l'autre moitié. »

Les espérances des uns étaient aussi chimériques que les craintes des autres ; ils supposaient que la propriété pouvait être abolie, ou subir une transformation équivalente à sa suppression, pour le plus grand bien des uns, pour le grand mal des autres. Si la propriété était un fait accidentel comme le régime féodal par exemple, elle serait, comme lui, appelée à disparaître lorsque les circonstances qui lui auraient donné naissance et l'auraient légitimée, auraient cessé d'exister. Mais il n'en est pas ainsi, la propriété dans son principe tient tellement à la nature de l'homme, fait tellement partie intégrante de sa relation extérieure, dans ce qu'elle a de plus légitime et de plus impérieux, qu'il est aussi ridicule d'espérer ou de craindre l'abolition de la propriété, que d'espérer ou de craindre qu'on forcera les hommes à marcher la tête en bas. Cela est si vrai, que toutes les transformations que la propriété a subies chez les peuples qui marchent d'un pas assuré dans la voie de la civilisation, ont eu lieu dans le sens de la confirmation et de l'extension de son principe, et que chez ceux qui se traînent dans la voie de la barbarie ou d'une civilisation incomplète et avortée, la propriété ne repose sur aucune base solide. Quel a été en France le seul résultat peut-être complet de la révolution ? C'est d'avoir aboli les derniers vestiges de la féodalité, d'avoir fait peser sur tout le monde les charges publiques, d'avoir aboli les priviléges de maîtrise et de jurande, d'avoir rendu accessibles à tous les emplois publics, etc.; qu'est-ce que tout cela, sinon d'avoir dégagé la propriété de toutes les entraves qui en faisaient le partage presque exclusif, sur certains points, de quelques individus privilégiés, et de l'avoir mise à la portée de tous ? Qu'a fait, aux applaudissements de l'Europe éclairée, l'empereur de Russie, en abolissant le servage dans ses vastes états, sinon d'étendre les bienfaits de la propriété à des hommes qui en étaient déshérités jusque-là ? Et l'Angleterre, en face de quelle difficulté se trouve-t-elle aujourd'hui ? si ce n'est que la concentration de la propriété foncière aux mains de quelques grandes familles, porte une atteinte fâcheuse à une conséquence importante du principe de la propriété, qui exige que le sol soit possédé par plusieurs, et crée un véritable danger qu'elle saura conjurer, grâce au tact politique et aux habitudes de liberté de la nation tout entière, qui lui permettent de résoudre pacifiquement et à l'heure voulue chaque problème qui se présente. Qui ne voit d'ailleurs que le bill sur les biens de l'église établie d'Irlande n'est un premier pas dans cette voie, qui sera bientôt suivi de plusieurs autres ? Et les peuples de l'imbécile Orient, à quoi doivent-ils surtout leur état d'infériorité ? A ce que chez eux la propriété n'existe pas à proprement parler, le despote qui les gouverne étant maître absolu des biens comme de la vie de ses sujets. Il est inutile d'insister davantage ; en fait, plus la propriété est établie sur des bases solides, plus elle est accessible à tous, et plus l'état social est parfait et présente des garanties de stabilité.

C'est en se basant sur le principe de la propriété, principe énoncé plus loin, que l'on arrive à la répartition la plus juste, la plus équitable des biens de la terre ; cette répartition n'est pas la même pour tous, elle laisse bien des existences vouées à un labeur pénible, à la misère même, c'est que rien n'est parfait dans ce monde, et que, quelques gigantesques que puissent être les pas de l'humanité dans la voie du progrès, le mal physique et le mal moral ne seront jamais bannis de la terre : nous serons toujours en butte aux violences de la nature extérieure, aux maladies, à la vieillesse et à la mort ; il y aura toujours parmi nous des gens d'une intelligence bornée, ou prodigues, ou vicieux, ou n'ayant eu que de méchants exemples sous les yeux, toutes circonstances qui réagissent d'une façon désastreuse sur bien des destinées individuelles.

Le premier tort du socialisme est de croire à la toute puissance de l'homme, de se figurer qu'il chassera de la terre le mal physique et le mal moral. Son second tort est de croire qu'en substituant la propriété collective à la propriété individuelle, il fera disparaître tout ou partie des maux réels dont souffre malheureusement le plus grand nombre. Il y a des soulagements efficaces à ces maux, ils sont nombreux et divers, parmi eux ne se trouve pas l'abolition de la propriété individuelle. La totalité des systèmes socialistes donne un chiffre assez respectable : il y a mille manières de se tromper, il n'y en a qu'une d'être dans le vrai ; tous cependant présentent ce caractère commun, substitution de la propriété collective à la propriété individuelle : l'individu ne possède rien, la communauté possède tout, dès lors elle est chargée de pourvoir aux besoins de chacun de ses membres, en d'autres termes le fruit du travail de chaque individu ne lui appartient pas, mais appartient à l'ensemble des individus. Ce principe, qu'on retrouve à la base de toutes les théories socialistes, est le contre-pied de la vérité : il prend l'homme à rebours, il le veut faire marcher la tête en bas. En droit, le fruit de mon travail n'appartient qu'à moi, et je ne reconnais à nulle créature humaine le droit d'en disposer ; l'Etat même n'a droit, sous le nom d'impôt, à une partie du fruit de mon travail, que par le vote de mes concitoyens ou de leurs mandataires, de là ce principe excellent et particulièrement cher aux Anglo-Saxons, que ceux-là seuls doivent l'impôt qui le votent. En fait, c'est le plus puissant stimulant au travail ; si le fruit de mon travail appartient à moi et aux miens, je travaillerai toujours, je travaillerai sans cesse pour augmenter mon bien-être et ma fortune ; j'économiserai, et du fruit de mes économies je créerai des chemins de fer, des usines, je fonderai des industries nouvelles qui contribueront au bien-être et à la prospérité générale. Dans le système de la propriété individuelle, c'est tout naturellement celui qui travaille le plus, qui est le plus économe, qui a les meilleures idées et qui sait le mieux en tirer parti, qui a la meilleure part. Le système opposé, au contraire, tue tout ressort chez l'homme : le fruit de mon travail ne m'appartient pas, ce n'est pas la peine que je m'échine, je ne serai ni mieux ni plus mal, la communauté ne m'en donnera ni plus ni moins. Et ce n'est pas cependant là l'objection la plus grave qu'on puisse faire au système de la propriété collective ; qui sera chargé de répartir cette propriété ? Ceux qui auront à le faire constitueront le pouvoir le plus insupportable et le plus tyrannique qui se puisse imaginer : voilà ton travail et voilà ta pitance, les propriétaires d'esclaves ne procèdent pas autrement. Personne ne peut vouloir d'un pareil régime qui réduit l'homme à l'état de machine, et lui enlève toute dignité et toute liberté ; c'est là cependant qu'on est conduit forcément si l'on n'admet pas le principe en vertu duquel le fruit de son travail est la propriété personnelle de celui qui l'a accompli; ce principe admis, la propriété se trouve constituée, et tout ce que nous voyons sous nos yeux en est la conséquence, tout fait de propriété a pour origine le travail, soit du possesseur, soit de son ascendant. S'il en est ainsi, tous les systèmes socialistes reposant sur la propriété collective, croulent par la base.

La propriété personnelle, fruit du travail personnel, est tellement dans la nature de l'homme, lui tient tellement à cœur que malgré toutes les préventions qui peuvent exister en faveur du socialisme dans l'esprit de la classe ouvrière, dès que la question lui est présentée sous son vrai jour, vous la voyez tenir avec une âpreté singulière au principe même de la propriété. Un exemple frappant à ce sujet a été offert en 48. On sait qu'à cette époque le jury se recrutait dans toutes les classes de la société, en d'autres termes que tout électeur était juré, on avait les jurys démocratiques par excellence. J'ai eu l'occasion d'interroger à ce sujet des avocats appartenant aux barreaux de Paris et des grandes villes de France, tous ont été unanimes pour avouer que ces jurys, d'assez facile composition pour les crimes sur les personnes, étaient impitoyables lorsqu'il s'agissait de vol; l'un d'eux me disait même qu'il était inutile de plaider dans des affaires de ce genre, la condamnation était certaine. A quel sentiment je le demande obéissaient ces jurys démocratiques si ce n'est à un amour et à un respect profonds pour la propriété? C'est là un fait remarquable qui indique le sentiment secret des masses, et doit faire reléguer dans les annales de Croquemitaine toute crainte au sujet de la propriété.

De ce que la propriété personnelle doit rester intacte, doit-on conclure qu'il n'y ait rien à faire pour l'amélioration des classes les plus déshéri- tées de la société? Non certes, si aux maux dont elles souffrent, il n'y a pas de remède magique, il y a un ensemble de mesures à prendre qui dépendent les unes des intéressés, les autres des pouvoirs publics.

Les sociétés de prévoyance, de secours mutuels, mais organisées tout autrement qu'elles ne le sont en France, peuvent rendre les plus grands services en mettant l'ouvrier et les siens à l'abri des conséquences les plus désastreuses de la maladie; la propagation des habitudes d'ordre et d'économie sont également de la plus haute importance, mais tout cela dépend de l'ouvrier lui-même, et la société n'a point à y inter- venir.

J'ai mauvaise idée de l'ingérence des pouvoirs publics, dans ce qu'on est convenu d'appeler la question sociale, parce que chaque homme doit se sentir responsable de sa destinée, et qu'une telle ingérence ne peut que diminuer le sentiment de cette responsabilité; il est cependant deux points qui peuvent, mais indirectement, exercer une influence considérable sur le sort du plus grand nombre et qui relèvent directement des pouvoirs publics, l'instruction, et le bon emploi des deniers publics.

Il faut répandre l'instruction à pleines mains et la distribuer à tous ; elle est pour une société ce qu'une culture bien entendue est pour la terre : bien cultivée, elle rapporte ; pas cultivée, elle ne rapporte rien. Sa diffusion a pour résultat l'amélioration d'une foule d'existences privées qui arrivent par elle à une destinée supérieure et l'amélioration du sort de la nation tout entière, qui profite toujours du travail de tous ses membres ; que de gens ont traîné une existence misérable, courbés sur leur travail comme des esclaves, et qui, s'ils eussent reçu une instruction convenable, auraient pu se distinguer dans les arts, dans les sciences, dans l'industrie ! Que de gens doués de facultés remarquables ont disparu, sans que ni eux ni personne s'en fût douté ! La France est malheureusement au point de vue de l'instruction une des nations les plus arriérées ; le rouge monte au front lorsqu'on songe que la seule ville de New-York, aux Etats-Unis, qui compte un peu moins d'un million d'habitants, dépense 1,500,000 fr. de plus que toute la France pour l'instruction primaire. Le manque d'instruction en France fait, entre autres résultats désastreux, que l'histoire de notre pays n'étant pas du tout connue même des classes soi-disant éclairées, l'expérience qui devrait résulter pour nous des malheurs et des fautes de nos pères est complètement perdue, nous recommençons toujours les mêmes fautes ; il est certain, par exemple, que si tous les Français avaient bien connu l'histoire du premier empire, nous n'aurions jamais eu le second. Le devoir le plus impérieux de notre jeune République sera de fonder l'instruction primaire sur des bases solides et suffisamment larges ; sous ce rapport comme sous bien d'autres, presque tout est à faire ; il y faudra procéder avec une sûreté de vues et une fermeté qu'il serait absurde d'attendre d'une monarchie quelconque.

Le bon emploi des revenus publics est une source féconde d'amélioration pour le sort du plus grand nombre. L'impôt enlève chaque année à la nation une part importante de sa fortune, qui retourne il est vrai presque immédiatement aux mains du public : les travaux d'utilité publique, chemins ordinaires, chemins de fer, canaux, etc., augmentent la fortune générale, fournissent des salaires à de nombreux ouvriers, toutes ces dépenses sont utiles ; mais il en est d'autres qui, au lieu d'être fructueuses pour la nation, contribuent à sa ruine. Lorsqu'on emploie des sommes considérables à nourrir un empereur, sa famille, ses courtisans, une infinité de hauts fonctionnaires, la plupart inutiles, elles rentrent bien dans la circulation, car ces gens-là ont les mains percées, et plus on leur en donne plus il leur en faut, mais de tout cela que reste-t-il? Dix millions employés à l'instruction primaire ou en travaux publics seraient plus fructueux pour la nation que cent millions dépensés en bons dîners, en fêtes par les princes et leurs familiers. Il est grand temps d'en finir avec ce luxe insolent des monarchies, qui enlève à la nation le plus clair de ses ressources pour fournir aux plaisirs et aux caprices du prince et de son entourage, pour lui permettre d'entretenir des chevaux par centaines, alors que ceux qui font les frais de ces dépenses scandaleuses vivent avec une économie sordide pour nouer les deux bouts, ou manquent même du nécessaire. Quand donc la nation comprendra-t-elle qu'elle doit ne payer que ceux qui remplissent des fonctions utiles à la chose publique, et se débarrasser de tous ces parasites qui la grugent, se gobergent à ses frais, et ne sont bons qu'à l'abandonner lâchement au jour du péril ? Ce sont eux qui sont les *vrais partageux* et je frémis d'indignation et de colère, quand je vois la stupidité publique se figurer que tous ces mangeurs et ces buveurs sont indispensables à sa sécurité.

De l'Hérédité.

L'hérédité est la conséquence naturelle et légitime de la propriété personnelle : si j'ai le droit d'user à ma guise de ce que je possède, je dois pouvoir le transmettre à qui bon me semble.

Les lois qui en France régissent la matière sont justes, sauf en deux points.

Nos législateurs ont fait une faute en ne laissant pas au possesseur liberté pleine et entière de disposer de ses biens, même quand il a des enfants; la cause de cette erreur est facile à trouver : la loi sur les successions, comme beaucoup d'autres, a été faite par eux en haine de l'ancien régime, fort détestable, j'en conviens sans peine; ils avaient sous les yeux les abus des substitutions, du majorat, du droit d'aînesse, des biens immenses immobilisés aux mains du clergé : ils ont voulu parer à tous ces faits fâcheux, et ne se sont pas aperçu que pour avoir outre-passé le but ils l'avaient manqué. En imposant au père de famille l'obligation de laisser son bien par égales parts à ses enfants, avec la réserve de la quotité disponible qui varie suivant le nombre d'enfants, on a limité arbitrairement le droit indéniable du possesseur à disposer de son bien comme bon lui semble. Je ne me dissimule pas que l'opinion que j'exprime heurte des préjugés fortement enracinés en France, mais j'aime mieux la vérité que l'opinion publique *(amicus Plato magis amica veritas)*. Nos législateurs se sont encore trompés en permettant au testateur de laisser son bien à une œuvre, à une personne fictive. Examinons ce qu'exige en cette matière le droit pur, le droit naturel; nous examinerons ensuite les conséquences de ce droit, et si elles paraissent entraîner une heureuse solution des questions qui préoccupent à juste titre en ces matières l'esprit public, ce sera un moyen détourné de s'assurer de la justice du droit naturel.

Ce droit exige que le possesseur dispose de son bien après sa mort, comme bon lui semble, s'il a des enfants peu importe, avec cette seule restriction qu'il ne peut le léguer qu'à une autre ou à d'autres personnes, restant bien entendu qu'à défaut de volonté exprimée, il sera admis que par une disposition tacite le bien est attribué par égale part aux héritiers naturels. Que faut-il entendre par ces mots : le bien ne peut être attribué qu'à une ou à d'autres personnes? Il faut entendre que je puis léguer mon bien à Pierre ou à Paul, mais que je ne puis le léguer à l'Académie, aux hôpitaux, aux confréries, aux couvents, etc.; en d'autres termes que je puis substituer uniquement une ou plusieurs personnalités humaines à la mienne, mais que je ne puis lui substituer une œuvre quelconque.

Rien n'est plus embarrassant que d'avoir à justifier une proposition qu'on regarde comme ayant l'évidence d'un axiôme de géométrie; une pareille vérité a un caractère tel qu'elle échappe à toute démonstration. Je me trouve en présence de vérités de ce genre, et fort empêché de démontrer que le possesseur a le droit de disposer de son bien après sa mort comme il l'entend; ce droit s'applique à tous les moments de l'existence, et si dans le cours de ma vie je puis céder mon bien à titre gratuit ou à titre onéreux, à qui je veux, sans que mon droit souffre aucune restriction, je ne vois pas pourquoi, avant de mourir, je ne puis disposer de même de mes biens après moi; mes enfants, d'après le principe même de la propriété, n'ont aucun droit sur mes biens : c'est moi qui suis propriétaire, eux ne le sont pas; ce mot là dit tout et les laisse sans droits; cela est l'évidence même et ne peut pas plus être démontré que le postulatum d'Euclide.

La raison qui doit forcer le testateur à substituer dans la possession de ses biens une ou plusieurs personnalités humaines à la sienne, est plus délicate à saisir mais n'en est pas moins réelle. Tant que je vis, je dispose de mon bien comme je l'entends, mais dès que je le cède soit à titre gratuit, soit à titre onéreux, je perds irrévocablement tout pouvoir sur la partie de mon bien que j'ai cédée. Si je vends une propriété, j'empoche l'argent, et je suis sans droit sur elle ; si je donne un pantalon à un pauvre, le pantalon une fois donné ne me regarde plus, et le pauvre en fait ce qu'il veut; si je donne une somme d'argent à une société de n'importe quelle nature, je perds tout droit sur elle; j'ai pouvoir de transmettre ma propriété, mais une fois transmise à autrui, je reste sans droit sur l'objet de cette propriété, ni plus ni moins que s'il ne m'avait jamais appartenu ; en un seul mot mon droit va jusqu'à substituer une ou plusieurs personnes humaines à la mienne, mais, ceci accompli, il est éteint, épuisé, anéanti. Le testateur ne peut, par un subterfuge, en laissant ses droits à une œuvre déterminée, perpétuer sa personne ; il a disparu et avec lui les biens dont il était investi ; il ne peut plus prétendre à conserver le gouvernement de ses biens. Tout change, tout se transforme dans la société humaine : les besoins, les intérêts, les points de vue, les doctrines ; la face du monde va se renouvelant sans cesse, seule, la volonté du testateur, cristallisée dans les derniers moments de son existence, resterait immuable ! C'est contre nature, c'est tout simplement absurde, ça ne se peut défendre.

Examinons maintenant les conséquences du droit pur tel que je viens de l'indiquer, et occupons-nous tout d'abord de la faculté laissée au testateur de disposer de son bien comme il veut, alors même qu'il a des enfants. En fait, rien de plus fâcheux que l'assurance où est le fils d'entrer en possession du bien de son père ; dans les classes peu fortunées de la société où l'héritage recueilli par les enfants n'est pas suffisant pour les faire vivre sans travailler, les inconvénients de cette assurance sont moindres que dans les classes aisées, là où la part de chacun peut lui permettre une existence oisive. Qu'on jette les yeux autour de soi, combien verra-t-on de fils de famille vivant dans la paresse et la fainéantise, inutiles à la société, à charge à eux-mêmes et aux autres, passant avec les chevaux, les chiens et les filles, un temps qui pourrait être utilement employé ailleurs? Tant pis pour eux, dira-t-on? Oui, tant pis pour eux, mais tant pis aussi pour la société ; tout être qui ne travaille pas lui est à charge, c'est un parasite, il consomme et ne produit rien. La force et la richesse d'une société reposent sur sa puissance d'économisation, elle va de l'avant lorsque ce qu'elle consomme est inférieur à ce qu'elle produit. Si, sur ce que je gagne, j'économise des capitaux employés à créer ou à soutenir des industries utiles, j'augmente la fortune de mon pays ; si je les enfouis dans ma cave, ils sont comme perdus. L'homme, avec son intelligence et son activité, est le capital le plus précieux et le plus productif de tous. Le fils du riche a pu mieux que tout autre recevoir une bonne éducation, il n'a pas eu à lutter contre les difficultés de la vie, il a le fil à l'aiguille, pour employer une expression vulgaire ; tous ces avantages en font un instrument de travail autrement bien préparé que le malheureux n'ayant reçu qu'une instruction incomplète, luttant pour se procurer le pain de chaque jour. Les fils de famille, et ils sont nombreux, qui se contentent de ce que leur laisse leur père, sont semblables en tout au capital économisé, mais enfoui inutilement dans une cave. Avec la liberté de tester, chaque enfant sachant qu'il ne peut compter sûrement que sur le fruit de son travail, désertera la vie oisive, pour son plus grand bien et pour le plus grand bien de la société. Par là, disparaîtrait en partie la chasse à la dot ; quand on se sent capable de faire son avenir, on se sent capable de faire celui d'une famille, on ne se marie plus que selon son cœur, au lieu de se marier selon la bourse de la future. Par là également sera augmentée l'autorité du père de famille ; le fils sera toujours dans la crainte de déplaire à son père : plus on dépend de quelqu'un et plus on a pour lui de soumission et de respect. Il n'est pas nécessaire, qu'en fait, le père partage inégalement son bien entre ses enfants ou les en prive, pour les contenir et leur faire sentir la nécessité de se créer une position par leur travail, il suffit qu'il en ait la possibilité. En France, les mœurs sur ce point sont très-fortes, et il est probable que l'égal partage entre les enfants sera la règle, mais il est utile que le père de famille soit libre. Il en est ainsi dans les Etats-Unis, personne n'y songe à s'en plaindre ; aussi, voit-on dans ce pays, le fils d'un homme plusieurs fois millionnaire, travailler aussi énegiquement pour arriver à la fortune que le fils de celui qui n'a rien. Cette disposition législative est pour beaucoup dans le caractère hardi et entreprenant de la race américaine, rien ne stimule au travail comme de n'avoir rien à attendre que de soi-même. Une dernière conséquence enfin de la liberté de tester : c'est l'instruction obligatoire ; le père peut bien frustrer son fils de son héritage, mais il faut que l'enfant soit mis en état d'en conquérir un par lui-même.

Occupons-nous maintenant de l'obligation imposée au testateur de ne laisser ses biens qu'à une ou plusieurs personnes humaines. Je vais choisir trois exemples : les prix légués à l'Académie des sciences, les dons faits aux hôpitaux, et les dons faits aux établissements religieux, aux couvents ; ces trois exemples ne comprennent pas tout, mais en les discutant, on peut se rendre suffisamment compte, au point de vue des faits, combien il est fâcheux de permettre à un individu de gouverner son bien après sa mort.

Les prix que l'Académie des sciences distribue annuellement par suite des legs qu'elle a été autorisée à recevoir, fort souvent ne sont pas distribués, les concurrents font défaut, ou bien ceux qui se présentent sont généralement d'une faiblesse déplorable. L'Académie s'en plaint amèrement toutes les années ; elle ne peut distribuer ces prix réservés pour des questions spéciales, dont le programme a été mal rédigé par le donataire, ou qui ont vieilli et n'intéressent plus personne, tandis qu'elle reste sans ressources pour récompenser des savants de mérite, mais que la nature de leur esprit et de leurs travaux porte à étudier des branches de la science qui ne sont récompensées d'aucun prix. Si l'Académie n'avait pas les mains liées par la volonté du donataire, elle pourrait disposer librement et utilement de cet argent : du fond de sa tombe, le mort gouverne son bien, et le gouverne fort mal.

J'avoue ne pas professer une admiration et une reconnaissance sans bornes pour ceux qui font des legs aux hôpitaux. Je n'examine pas les motifs de leur munificence : la vanité y a souvent plus de part que la charité ; je me rappelle avoir connu un parisien deux fois millionnaire qu'une mort subite a seule empêché de léguer son bien aux hôpitaux ; il trouvait fort joli qu'il y eût hôpital portant son nom ; il avait pour faire le bien les motifs qu'avait Erostrate pour incendier le temple d'Ephèse. A un certain point de vue ces donations ne sont pas morales : c'est un devoir pour une ville de soigner ses malades nécessiteux ; s'il faut deux millions par an pour cet objet, le devoir de la ville est de les trouver ; en donnant un revenu de 500,000 fr. par an aux hôpitaux de cette ville, on refroidit mal à propos le zèle charitable de ses habitants, on la décharge à tort : c'est à elle de trouver la somme entière. Les Anglais ont payé la guerre de Crimée avec l'impôt, non avec l'emprunt, parce qu'ils trouvaient juste que la génération qui faisait la guerre la payât, et injuste de grever l'avenir ; ici, c'est l'inverse : la charité présente ne doit pas se reposer sur la charité passée ; c'est à elle de faire l'œuvre de chaque jour. Paris mis à part, les revenus des hôpitaux sont en général mal dépensés ; ils ont quelquefois des revenus supérieurs à leurs besoins : alors c'est un vrai pillage, et il se forme autour des administrateurs une clientèle de paresseux et de mendiants. Supposez au contraire les hôpitaux sans biens et sans ressources assurées, quels appels incessants, journaliers, ne faudra-t-il pas faire à la charité publique, qui alors ne s'endormira jamais ? On n'entendra plus dire : à quoi bon donner aux hôpitaux, ils sont si riches ? Il y a bien des gens qui sont heureux derrière ce prétexte de dissimuler leur ladrerie et leur égoïsme. Il faudra prouver à ce public dont on vide la bourse, que son argent est sévèrement administré et que les besoins sont réels. On voit par cet exemple même, le plus défavorable à la cause que je défends, qu'il n'y a en fait nul inconvénient à la mesure législative que je propose ; les hôpitaux, loin d'y perdre, y gagneraient, et le public apprendrait à connaître et à remplir ses devoirs.

Quant aux biens accumulés entre les mains des ordres religieux et du clergé, le danger qu'ils constituent éclate aux yeux des plus prévenus. C'est par millions qu'il faut compter les sommes qui peuvent entrer là, et qui une fois entrées n'en sortent plus. Ces biens immenses soustraits à la circulation constituent un péril social, et partout, en France, en Italie, en Espagne, et en dernier lieu en Angleterre ou plutôt en Irlande, il a fallu prendre des mesures considérables et décisives pour parer aux inconvénients qui résultaient d'un pareil état de choses. Ces mesures étaient nécessaires, et je ne les blâme pas, mais il est toujours fâcheux d'avoir à les prendre, car on semble, en les prenant, porter atteinte à la propriété ; il faut alors, pour l'avenir, prévenir le retour des faits qui les peuvent rendre nécessaires, et l'on y réussit en interdisant toute donation aux personnes fictives. Les associations religieuses, de quelque nature qu'elles soient, jouissant de la liberté la plus absolue, forcées de s'adresser au public pour subsister, prospéreront tant qu'elles auront la faveur publique, ce sera leur affaire de la mériter et de la gagner ; mais si parmi les œuvres qu'elles poursuivent il en est qui déplaisent, qui paraissent ou inutiles ou même mauvaises à un moment donné, elles ne pourront plus subsister, grâce aux libéralités d'un mort, perpétuant après lui ce qui est condamné par les vivants.

De la Séparation de l'Église et de l'État.

De tout temps les penseurs ont été douloureusement affectés du spectacle navrant de la destinée humaine ; l'homme, en effet, ne fait guère sur cette terre que souffrir et puis mourir ; obligé de lutter sans cesse pour se nourrir lui et les siens, il est en butte aux rigueurs du monde matériel qui l'enveloppe de toutes parts ; il est en proie à ses propres passions, souvent victime de celle des autres, et comme si ce n'était assez du mal qui lui vient du dehors, du mauvais vouloir de quelques-uns de ses semblables, on voit parfois les nations se lever en masse, et s'entr'égorger, sans se connaître, pour la plus grande gloire des politiques à longues vues. Non, en vérité, la vie de l'homme n'a rien de profondément triste pour qui sait l'envisager sous son vrai jour, et s'il y a une période qui paraisse moins malheureuse que les autres, c'est celle où on ne la connaît pas encore.

C'est de là qu'est née la religion. « Tu vois, dit-elle à l'homme, le mal partout triomphant, que cela ne te trouble point, ta destinée ne s'accomplit pas tout entière sur cette terre ; après cette vie, il en est une autre où toutes choses seront remises à leur place : pauvre mère courbée sur le cadavre à peine refroidi de ton enfant, que tes soins et tes prières n'ont pu arracher à la mort, console-toi, il te sera rendu ; épouse, tu pleures un époux chéri et loin duquel tu traînes une vie languissante, sèche tes larmes, tu le rejoindras pour ne plus t'en séparer jamais ; toi homme juste que des gens avides et pervers ont privé de tous les biens, et parmi eux, le plus précieux de tous, l'honneur, sois sans crainte ; un jour viendra où tu trouveras un juge incorruptible, pour qui rien n'est caché, et qui, à la face de tous, te rendra une éclatante justice ; vous tous enfin, que la maladie, la misère, l'esclavage, l'oppression des grands courbent sous un fardeau trop lourd pour vos épaules meurtries, je vous en déchargerai, et si vous voulez suivre mes préceptes, je vous donnerai une éternité de gloire et de bonheur. »

Malheureusement toutes les religions ne tiennent pas ce langage, et celles qui le tiennent en ont trop souvent tenu un autre, auquel elles ont conformé leur conduite plus qu'au premier. Que de spoliations, que de crimes, que de meurtres, que de massacres commis, que de bûchers élevés, au nom de religions qui prétendaient arracher l'homme au malheur auquel il semble voué dès sa naissance et qui rendaient son sort plus triste, le portant à douter de la justice de Dieu, en voyant ceux qui se disaient ses ministres animés de sentiments si féroces. Convertisseurs sauvages de tout temps et de tout pays, votre barbarie a fait plus d'incrédnles et de blasphémateurs que toutes les railleries de Voltaire et de l'Encyclopédie.

Mais laissons de côté ces considérations contradictoires et voyons ce qu'exigent en ces matières le droit et la justice.

En France, l'Eglise catholique se trouvant être la religion de la grande majorité des Français, il est impossible de ne pas se préoccuper presque exclusivement de cette église. Le clergé et les fidèles catholiques ne sont que trop enclins à croire que la séparation de l'Eglise et de l'Etat est une machine de guerre montée contre le catholicisme, cachant peut-être une arrière-pensée de persécution; il n'en est rien. Cette séparation doit avoir pour résultat de donner à l'église, son droit, tout son droit, rien que son droit. Par le fait du régime concordataire, elle a à la fois plus et moins que son droit, et si elle savait bien compter, elle trouverait que ce qu'on lui donne est loin de valoir ce qu'on lui enlève. Je ne fais pas l'injure au clergé catholique de le croire préoccupé outre mesure de sa position matérielle, et de penser que la suppression du salaire de l'Etat lui cause de sérieuses inquiétudes; il doit avoir assez de confiance en lui-même et dans la reconnaissance des fidèles pour être affranchi de toute crainte à cet égard. Il n'est pas nécessaire de lui rappeler que les premiers apôtres n'étaient soutenus que par la pieuse assistance de fidèles aussi pauvres qu'eux, ce qui ne les a pas empêchés de triompher des trésors et des légions des Césars de Rome. Pour les vrais catholiques, la situation qui leur est faite par le régime concordataire est humiliante : les appels comme d'abus, l'autorisation nécessaire pour publier les documents émanés du saint-siége, l'ingérence du pouvoir civil dans les affaires religieuses, les entraves apportées à la réunion des synodes diocésains ou métropolitains, la nomination des présidents des conférences de Saint-Vincent-de-Paule, comme si des gens pieux et charitables n'avaient pas le droit de dépenser en bonnes œuvres leur argent, à l'abri des regards jaloux de l'autorité civile; enfin et pardessus tout cette situation de fonctionnaire faite au prêtre et d'où il résulte que du haut de sa chaire, qui est pour lui la chaire de vérité, il n'a pas le droit de dire aux grands de la terre ce qu'il pense d'eux; tout cela est incompatible avec la véritable liberté religieuse. Que l'église ne demande rien à l'Etat pour n'avoir rien à lui rendre, qu'elle se contente des garanties de droit commun; quand elle aura goûté de ce régime pendant quelques années, elle s'en voudra de ne pas l'avoir réclamé plus tôt. Elle comprendra qu'avec la liberté de la presse, la liberté de réunion et d'association, elle pourra déployer toute son énergie, et que si elle échoue dans la conquête des âmes, elle ne devra s'en prendre qu'à elle-même.

En ces matières le droit est clair et net. En tant que citoyen d'un pays libre, je puis écrire, parler, et voter à ma guise, je puis, par tous les moyens que la loi met à ma disposition, tâcher de faire prévaloir mon opinion, mais mon vote une fois déposé, mon devoir commence, je dois me soumettre à la volonté de la majorité; un impôt me déplaît-il? je dois le payer si les représentants de la nation ont décidé qu'il devait être perçu; je dois obéir à la loi quand même elle n'aurait pas mon approbation; en tout ce qui concerne les affaires publiques, je suis tenu d'incliner ma volonté devant la volonté nationale. Il n'en saurait être autrement, si chaque citoyen, chaque parti conservait le droit de maintenir sa volonté contre la volonté de la majorité, il n'y aurait plus ni société ni gouvernement possibles. Si en politique la minorité doit subir la loi de la majorité, en ce qui concerne les opinions religieuses et philosophiques il n'en est plus de même : le droit de la majorité subsiste, mais le droit de la minorité subsiste dans son entier. Cette séparation des volontés et des intérêts, qui ne peut se faire dans les affaires de la commune, de la province et de l'État entre la majorité et la minorité, est de plein droit en ce qui concerne les opinions religieuses et philosophiques; la majorité n'y a que faire, elle n'a rien à y voir, elle ne peut franchir le seuil de ma conscience et m'imposer de coopérer de ma bourse et par des impôts au soutien d'un culte qui n'est pas le mien. Cette persistance des droits de la minorité (*) dans le cas qui nous occupe, contrairement à ce qui a lieu pour la conduite des affaires politiques, indique clairement la marche à suivre. Les pouvoirs publics sont sans qualité pour traiter ces questions, ils ne peuvent rien imposer à personne; c'est aux individus à se grouper entre eux comme ils l'entendent et à soutenir de leur bourse le culte qui a leur foi; ils ont droit à cet égard à la liberté la plus entière, la plus absolue, mais ils n'ont droit à rien de plus.

Au point de vue de l'église catholique, les circonstances viennent de faire naître un argument très-puissant en faveur de la séparation; je veux parler de la perte pour le pape, de ses états. Le roi Victor-Emmanuel est ou va être installé à Rome avec tout le gouvernement italien, le pape n'est plus souverain temporel; il est, qu'on le veuille ou non, sous la garde du roi d'Italie, il passera tôt ou tard, à tort ou à raison, pour être sous sa tutelle. Qui ne voit qu'avec un pareil état de choses, on ne peut traiter avec lui, même pour faire un concordat? De pareils actes ne sont possibles qu'avec qui est revêtu des attributs de la souveraineté. Lorsqu'on croira le pape dominé par le roi d'Italie, c'est-à-dire par un souverain étranger pour qui la France a tant fait et qui a si peu

(*) Une opinion religieuse réunirait-elle l'unanimité, que cela ne détruirait en rien la thèse que je soutiens : les droits de la minorité éventuelle sont les mêmes que ceux de la minorité effective.

fait pour elle, pourra-t-on supporter l'idée de solder des deniers de l'État tout un clergé qui, de par sa foi, est obligé d'obéir à un chef soupçonné, le soupçon suffit pour tout corrompre, d'être sous l'influence, et de suivre les suggestions du roi d'Italie ? A la longue, ce fait combiné avec la non séparation, rendrait très-fausse et finalement insoutenable en France, la situation du clergé ; il ne peut sortir de cette impasse qu'en reprenant sa liberté et en s'affranchissant de tout lien avec l'État. Personne, en effet, même parmi les plus chauds catholiques, n'oserait, pour trancher la difficulté, conseiller à la France de faire la guerre à l'Italie et de rétablir le pape dans ses états. D'un autre côté le pape ne peut quitter Rome, il le voudrait qu'il ne le pourrait pas ; tous les privilèges qu'il possède comme pape aux yeux du monde catholique, il les doit en première ligne à son titre d'évêque de Rome. Si Pie IX s'en allait, il emporterait bien avec lui dans l'exil son titre d'évêque de Rome, mais son successeur, élu ailleurs même par tous les cardinaux assemblés ne serait plus l'évêque de Rome, il serait par conséquent inhabile à être pape ; la tradition catholique, primauté attribuée au siége de Saint-Pierre, est très-nette à cet égard et ne peut permettre aucun compromis. Ce fait considérable et définitif, la chute du pouvoir temporel, fait de la séparation une nécessité pour l'église catholique ; si elle ne le reconnaît pas dès à présent, elle le fera dans l'avenir et dans un avenir peu éloigné.

On alléguerait vainement qu'en France, cette séparation ne peut avoir lieu, parce que le salaire du clergé n'est que la juste et bien faible compensation des biens qui lui ont été enlevés lors de la première révolution. Sans entrer dans aucune discussion à ce sujet, et sans examiner dans quelles conditions s'est accompli ce fait historique et les questions de droit qu'il soulève, il y a une réflexion bien simple à faire et qui tranche aisément la difficulté. Le clergé actuel ne peut nullement se porter comme héritier de celui qui à tort ou à raison a été dépouillé de ses biens ; si les membres du clergé actuel étaient les fils de ceux de 1789, ils pourraient réclamer l'héritage de leurs ascendants, le célibat auquel ils sont astreints y met un obstacle insurmontable. Lorsqu'ils sont entrés dans les ordres, ils savaient le clergé sans biens et ne pouvaient compter que sur le salaire de l'État ; ils devaient savoir que, pour ces fonctions comme pour bien d'autres, la marche du temps pouvait amener des changements, et qu'un jour ou l'autre l'État pouvait être amené à se passer de leurs services, et à supprimer leur traitement.

Est-ce à dire qu'il faille supprimer brusquement le traitement du clergé et laisser ses membres s'en tirer comme ils pourront? non. Ce serait peu équitable, très-maladroit, et fécond en funestes conséquences. Lorsque l'État est appelé par la force des choses à supprimer toute une catégorie d'employés, il ne les abandonne pas et les place ailleurs, suivant les aptitudes de chacun d'eux. La situation des membres du clergé est plus digne d'intérêt que celle de ces employés. Ils sont fort nombreux, ce qui ne laisse pas de compliquer la question : on ne jette pas sur le pavé un corps qui compte plus de 40,000 personnes. La nature de leurs fonctions, l'instruction qu'ils ont reçue, la façon dont ils sont considérés par l'opinion publique, interdisent toute autre carrière à l'immense majorité d'entre eux; malgré toute leur résignation, que je ne mets pas en doute, ils deviendraient, même à leurs corps défendant, une cause de graves embarras. Il est bien plus simple de respecter toutes les positions acquises, de laisser en place avec leur traitement, ceux qui y sont, et de n'appliquer la séparation qu'au fur et à mesure des vacances. Une paroisse perd son curé, c'est à ses habitants de s'entendre entre eux et de choisir qui ils veulent, ou de le recevoir des mains de l'évêque ou du pape, de pourvoir à tous ses besoins et à ceux du culte; ils doivent avoir à cet égard toute liberté et toute facilité, mais ni l'État, ni la commune n'auront plus à intervenir; les fidèles, si fidèles il y a, aviseront, et agiront comme bon leur semble.

Il y a même mieux à faire ; on devrait, sans augmenter leur traitement, faire passer tous les desservants à l'état de curés en titre. Leur situation mérite d'exciter la sollicitude; ils n'ont pas d'existence assurée, ils sont complètement dans la main de leur évêque, qui peut les briser sur des plaintes fondées ou non, sur son simple caprice, sans avoir à rendre compte de sa détermination, le pape leur seul appui est bien loin; et l'on s'étonne que le bas clergé soit ultramontain! ce qui m'étonne moi, c'est qu'il ne le soit pas davantage. C'est sans doute à cet état de choses que faisait allusion un cardinal bien connu, lorsqu'il disait en plein sénat du second empire : « Mon clergé, il faut qu'il marche comme un régiment. » Il envisageait probablement les choses de la même manière, l'évêque qui exigeait de ceux de ses curés qui allaient passer titulaires, leur démission signée avec la date en blanc, moyen commode de les mettre à sa merci, tout comme les desservants. De tous les membres du clergé ce sont les plus modestes, ceux qui sont à même de rendre le plus de services; constamment en rapport avec les petits et les humbles, ils voient de près leurs misères, savent y compâtir en les soulageant de leur mieux, et si leur bourse n'est pas toujours bien garnie, ils connaissent le secret pour faire ouvrir celle du riche. Ce serait une bonne mesure de les mettre sur le pied d'égalité avec les curés titulaires, et qui ne soulèverait aucune difficulté à Rome où ce n'est que contraint et forcé par Napoléon Ier qu'on a admis l'existence des desservants. Celui-ci savait bien le but qu'il poursuivait : il se flattait de connaître les moyens de tenir dans sa main le corps épiscopal; il avait dès lors intérêt que l'épiscopat dominât le bas clergé; avec les desservants, c'était facile, impossible avec les curés titulaires.

Les catholiques sérieux et sincères qui conserveraient encore des illusions sur les bons effets du concordat, n'ont qu'à lire, avec toute l'attention qu'elles méritent, les remarquables et émouvantes études de M. d'Haussonville, faites d'après des documents inédits et authentiques, sur les rapports de Napoléon Ier et de l'église romaine. Ils verront, et tout esprit impartial verra avec eux, que dans ce duel entre Pie VII et le tout-puissant empereur, le beau rôle n'était pas pour Napoléon ; et ce qu'il y a de plus triste, ils verront les auxiliaires les plus actifs et les plus dévoués de l'empereur, se recruter dans l'épiscopat français ; il y a eu des exceptions, mais plus honorables que nombreuses. Ils ne pourront s'empêcher de conclure que si l'église avait été séparée de l'État, jamais César n'aurait pu tenter et faire succomber à la tentation, les saints évêques. Qu'ils mettent en regard de ce drame tracé de main de maître par M. d'Haussonville, et où rien ne manque, ni le grotesque, ni le lamentable, ni l'horrible, le spectacle présenté par le clergé d'Amérique. Il n'est ni tenté, ni exposé à l'être ; il ne reçoit rien que de la piété des fidèles dont il est aimé, respecté, obéi, et qui pis est dix fois plus richement doté qu'en France ; il ne doit rien à l'État qui le laisse en paix et avec une liberté absolue, remplir, comme il l'entend, tous les devoirs de son ministère.

En remontant plus haut dans l'histoire, au commencement du xiiie siècle, époques de massacres, de ruines et de deuil, on verra un pape de génie, Innocent III, non plus persécuté, mais persécuteur, écrire aux rois, aux évêques et aux barons de France : « Sachez que nous chargeons d'anathèmes le comte de Toulouse (Raymond VI) ; nous délions tous ceux qui se croient liés avec lui ; nous permettons à tout catholique de courir sus à sa personne, d'occuper et de retenir ses biens ; et quand il viendrait à résipiscence, ne cessez pas pour cela de faire peser sur lui la punition qu'il a méritée ; chassez-le, lui et ses fauteurs, et enlevez-lui ses terres. Nous accordons la rémission de leurs péchés à tous ceux qui s'armeront contre ces empestés Provençaux, race perverse et méchante. Sus donc, soldats du Christ ; sus donc novices de la milice chrétienne. Que l'universel gémissement de l'église vous émeuve ! que les hérétiques disparaissent, et que des colonies de catholiques soient établies en leur place. » (*) Qui ne frémit d'un pareil langage ? (**) et qu'on ne vienne pas dire que c'est seulement l'homme politique, le souverain temporel qui parle ainsi, homme qu'il faut soigneusement distinguer du souverain pontife. Raymond VI n'est ni son sujet ni son vassal, c'est comme chef

(*) Lettre d'Innocent III, t. XI, ép. 26, 27, 28, 29.

(**) L'effet suivit les paroles : après la prise de Béziers, les Croisés vainqueurs se retournent vers le légat Arnaud, lui demandant ce qu'il faut faire pour distinguer les Albigeois des catholiques. « Tuez tout, dit le légat, Dieu saura reconnaître les siens. » On tua tout.

de l'église et en vertu des prérogatives les plus élevées et les plus redoutables de sa charge spirituelle, qu'Innocent III *délie tous ceux qui se croient liés avec lui, et qu'il accorde rémission de leurs péchés à tous ceux qui s'armeront contre ces damnés Provençaux, race perverse et méchante.* Si l'infaillibilité du pape décrétée l'année dernière a un effet rétroactif, Innocent III est pleinement innocenté.

Tout cela n'est plus de notre temps. Pour tout homme qui sait lire et comprendre l'histoire, l'église catholique, malgré tous les crimes commis en son nom, a rendu d'immenses services et couvé dans son sein le monde moderne; ce rôle glorieux et terrible à la fois est terminé à tout jamais pour elle; qu'elle ne l'oublie pas, elle n'a plus maintenant à remplir qu'une mission plus douce et plus élevée, consoler les battus de la vie, apprendre à tous que l'homme ne vit pas seulement de pain, combattre enfin les faux dieux, et parmi eux le plus immonde, le veau d'or.

La séparation n'aurait, au point de vue du culte juif, dont les adhérents sont très-clair semés en France, que des conséquences insignifiantes; les israélites sont assez unis, et comptent parmi eux assez de gens riches, dévoués et généreux pour suffire sans peine aux frais de leur culte.

Quand au culte réformé, auquel j'ai l'honneur d'appartenir, sa situation est en France peu connue du public, qui s'en préoccupe du reste médiocrement. Deux partis, qui sont entrés en lutte ces dernières années, divisent cette église : le parti orthodoxe et le parti libéral. Ils ont raison et tort tous les deux : raison de vouloir croire chacun ce qui lui paraît être la vérité religieuse; tort : le premier, de vouloir imposer sa manière de voir au second; le second, de vouloir continuer de vivre dans une église avec des gens dont il ne partage pas la foi. La séparation est la seule solution possible à ces difficultés; que chacun forme une église et subvienne à ses besoins avec ceux qui ont la même foi religieuse. C'est la conséquence rigoureuse du principe de la liberté de conscience, qui a fait la grandeur et la prospérité de l'Angleterre, des Etats-Unis et de la Prusse, malheureusement pour nous. Qu'on n'oublie pas ces paroles adressées au lendemain de Sadowa, à l'empereur d'Autriche, par le conseil municipal de Vienne : « Sire, c'est l'Autriche du concordat, qui a été vaincue à Sadowa. »

De l'Organisation provinciale.

En conseillant à la France de s'organiser en provinces, on risque de soulever de grandes susceptibilités, les uns craindront de voir ressusciter et créer des influences locales incompatibles avec la démocratie et le principe de la souveraineté du peuple; les autres, de voir toucher à l'arche sainte de l'administration, qui seule a raison contre tout le monde, et sans laquelle il est impossible de gouverner la France; tous redouteront de détruire l'unité de la France, c'est-à-dire la seule chose qui soit restée debout dans tous nos malheurs. Ces craintes sont sans fondement; comme ceci est œuvre de polémiste et non de législateur, il ne faut pas s'attendre au développement d'un plan savamment combiné d'organisation provinciale, mais simplement à quelques considérations sur ce sujet.

Elle présente d'abord cet immense avantage de rendre impossibles, radicalement impossibles les coups d'Etat et les révolutions; ceci est fait pour plaire, à la fois, aux radicaux et aux conservateurs; les uns et les autres en ont trop souffert, pour ne pas les avoir en horreur. Ce sont des crises dangereuses et funestes, qui usent, en se répétant, les peuples de la constitution la plus robuste; à part quelques énergumènes plus criards que nombreux, tout le monde est d'accord sur ce point; tout le monde comprend qu'il faut mettre un terme à ces convulsions périodiques qui agacent les nerfs de la nation et usent, jusqu'à risquer de les tarir, ses ressources morales et matérielles. Tout le monde veut la stabilité; malheureusement, il ne suffit pas de vouloir une chose, pour que cette chose ait lieu; il faut savoir à quelles conditions elle est possible : il ne suffit pas de vouloir que la récolte pousse, il faut savoir comment s'y prendre pour la faire pousser. Lors du vote du 8 mai 1870, de funeste mémoire, si l'on met de côté toutes les influences malsaines qui ont démoralisé et déshonoré le vote, il reste encore un nombre considérable de gens qui, de leur plein gré, ont voté oui. Que voulaient-ils? La paix et la stabilité; c'était leur volonté bien arrêtée, bien réfléchie, et en cela ils voulaient deux bonnes choses; mais ils se sont trompés, complètement trompés, trompés du tout au tout; ils ont bien su ce qu'ils voulaient, mais ils se sont mépris sur les moyens à employer pour l'obtenir; ils ont cru semer la paix et la stabilité, ils ont récolté l'invasion et la révolution. Maintenant, comme sous l'empire, il ne suffit pas de dire : nous ne voulons plus de coups d'Etat ni de révolutions. Notre volonté n'est rien par elle-même, il nous faut rechercher à quelles conditions coups d'Etat et révolutions ne sont plus possibles; qu'on ne s'y trompe pas, la différence entre eux est plus apparente que réelle; leur caractère commun est la confiscation de la volonté nationale, au profit d'un seul homme, dans le premier cas; dans le second, au profit d'un parti, et souvent d'une infime minorité dans ce parti.

Supposons la France divisée en vingt provinces, chacune de ces provinces, ayant un gouvernement composé d'un gouverneur élu, d'un sénat élu, et d'une chambre des représentants élue également, c'est ce qui a lieu aux Etats-Unis. L'usurpateur, homme ou faction, qui voudra substituer sa volonté à la volonté nationale, sera dans la position du corbeau qui, pour imiter l'aigle, veut enlever un mouton; il ne sera pas assez fort, et ses faibles serres, retenues par la toison de sa prétendue victime, le rendront prisonnier. Bonaparte, au 2 décembre, n'avait devant lui qu'un obstacle sérieux : la chambre des représentants élus de la nation. Cet obstacle, une fois renversé, il était maître, et d'autant mieux maître, que la centralisation remettait entre ses mains, s'il réussissait, le sort de tous les fonctionnaires répartis à la surface du territoire français, et dont pas un seul ne pouvait tenter de lui résister, sans être certain de briser sa carrière par le fait de cette résistance, si Bonaparte venait à triompher. Si l'organisation provinciale eût existé, il lui aurait fallu, tout en faisant son coup d'Etat à Paris, faire vingt autres coups d'Etat, séduire ou enlever les vingt gouverneurs de province : la résistance de quelques-uns d'entre eux suffisait pour faire avorter son entreprise; eût-il réussi avec les gouverneurs, que rien n'était fait, il lui fallait encore emprisonner les membres des vingt sénats et des vingt chambres des représentants. Ces assemblées, composées d'hommes rompus à la pratique de la vie publique et des affaires, sortis de l'élection, forts par conséquent des suffrages de leurs concitoyens, n'auraient jamais laissé faire le coup d'Etat; elles eussent été la toison embrouillée et résistante, retenant le corbeau prisonnier par les pattes. Bonaparte n'aurait pu être un épouvantail pour les fonctionnaires, instruments, en France, forcément serviles de qui détient le pouvoir; il n'aurait pas été le maître absolu de leur destinée, par la raison bien simple qu'avec l'organisation provinciale, une foule d'employés devraient leur place au gouvernement local ou à l'élection. Ce qui est vrai de Bonaparte au 2 décembre, est vrai d'une faction quelconque; l'organisation provinciale est un obstacle absolu pour les usurpateurs et les factions, elle est la meilleure sauvegarde de la souveraineté nationale.

On se plaint souvent, et très-amèrement, de la prépondérance exagérée de Paris, et de la nécessité où se trouve la province de subir la loi qu'il lui plaît d'imposer. Paris est plus à plaindre qu'à blâmer, il subit la loi du vainqueur, bien plus qu'il n'impose la sienne au reste du pays; récriminer contre lui, est absurde et puéril; tout le mal vient de la centralisation politique et administrative, en vertu de laquelle il suffit d'être maître de quelques locaux dans Paris, pour dicter ses volontés à toute la France. Du jour où la province existera autrement que de nom, Paris cessera d'être opprimé et oppresseur, il sera rendu à son rôle naturel : la décentralisation politique et administrative sera réalisée.

Le gouvernement central étant chargé de tout, des plus grands comme des plus minces intérêts du pays, finit par faire tout fort mal. Il y a une foule d'affaires qui seraient infiniment mieux traitées par les gouvernements provinciaux, que par le gouvernement général. Pour s'en convaincre, il suffit de feuilleter les débats du Corps Législatif, sous le dernier empire ; on verra que ce corps a voté, sans discussion aucune, une foule de projets de lois, dont plusieurs fort importants, et méritant assurément les honneurs d'une discussion approfondie, avaient pour objet d'autoriser une commune ou un département à contracter un emprunt pour faire face à certaines dépenses. Ces emprunts étaient toujours votés de confiance, c'est à peine si les députés des départements intéressés prononçaient parfois de courtes paroles. Il n'en pouvait être autrement, les députés ne pouvaient s'occuper sérieusement de ces affaires, ils n'en avaient ni l'envie, ni la possibilité ; aussi a-t-on vu sous le dernier empire, où les vices de la centralisation ont porté leurs fruits extrêmes, les dettes des grandes villes et des départements atteindre un chiffre fabuleux, et la plupart du temps pour des objets sans utilité réelle. Les assemblées provinciales, déchargées du soin de la politique générale, pourraient s'occuper de toutes ces questions, leur donner tous leurs soins, en préparer et en assurer la bonne solution, ce qui est impossible à l'assemblée ou aux assemblées chargées de diriger l'Etat, et qui ont à peine assez de tout leur temps pour traiter les questions qui intéressent le pays tout entier.

La disette des hommes d'Etat se fait cruellement sentir en France, il n'en peut être autrement, où pourraient-ils se former ? Les quelques noms qui surgissent de temps en temps, surgissent comme au hasard ; la presse, le barreau, les lettres, ont mis quelques noms en évidence, mais ce n'est pas là que doivent se recruter en général les hommes politiques, parce que ce n'est pas là que s'apprend le maniement des affaires. Les assemblées provinciales fourniraient un personnel politique secondaire, dans lequel se recruterait le personnel appelé à occuper la grande scène. Rien n'est dangereux comme de remettre les destinées du pays, même à des hommes honnêtes et intelligents, alors que ces hommes n'ont pas l'habitude de la vie publique, siégent la plupart pour la première fois dans une assemblée. Ce danger est doublé lorsque le pays qu'ils sont appelés à diriger, traverse des circonstances exceptionnellement critiques ; c'est alors qu'on aurait le plus besoin d'hommes expérimentés, habitués à la vie publique, ayant appris par expérience que leurs adversaires, même les plus accentués, peuvent avoir quelquefois raison ; au milieu du conflit des passions soulevées, le sang-froid se perd, et les mesures qui pourraient sauver le pays ne sont pas prises.

L'existence de gouvernements provinciaux peut seule fournir les moyens d'obtenir la décentralisation politique, administrative et intellectuelle. Quelle vie ne répandraient-ils pas autour d'eux! Une grande quantité de citoyens qui n'éprouvent ni le besoin, ni l'envie de s'occuper des affaires générales, s'occuperaient avec plaisir des affaires provinciales, beaucoup plus à leur portée et les intéressant plus directement; une grande quantité d'emplois qui relèvent du gouvernement central relèveraient du gouvernement provincial; du coup la décentralisation serait faite; on la chercherait vainement par d'autres moyens. On regrette souvent et avec raison l'immense influence des journaux de Paris, influence qui n'est pas toujours heureuse. Ils sont influents parce qu'à très-peu d'exceptions près, ce sont les seuls intéressants, et ils sont les seuls intéressants, surtout parce qu'ils se publient dans la ville où se traitent toutes les affaires de la France, grandes et petites, et où par suite affluent toutes les informations. Si chaque province a son parlement, il faudra rendre compte des débats de ce parlement, suivre et étudier les affaires dont il aura à s'occuper, et, par la force des choses, il surgira des journaux qui auront une raison d'être, parce qu'ils répondront à un besoin nouveau et impérieux. Ils se formeront et formeront le public de leur province à l'étude des affaires provinciales. Ce sera une excellente école politique, d'où la passion sera, sinon complètement exclue, mais où elle sera du moins singulièrement amoindrie, par la nature des questions soulevées. La presse parisienne, tout en conservant un rang élevé, n'aura plus cette influence exagérée et fâcheuse qui est non son fait mais le fait de la centralisation.

Chaque capitale provinciale deviendra un centre de vie : administration, instruction publique, œuvres dues à l'initiative privée, tout y recevra une impulsion salutaire ; une foule d'intelligences trouveront carrière à leur activité ; un homme de valeur ne sera plus réduit à se considérer comme sacrifié, s'il n'arrive à Paris. Paris, lui-même, loin d'y perdre, ne fera qu'y gagner : les gens distingués en tout genre continueront d'y affluer, mais en se recrutant dans un personnel plus nombreux et ayant pu se bien mieux former que par le système actuel.

Sans l'organisation provinciale, la souveraineté du peuple n'est qu'un leurre, une apparence vaine, et ne peut devenir une réalité.

A ce sujet une observation préalable. La royauté, la noblesse, la bourgeoisie ont disparu, il ne reste debout que les dix millions d'électeurs. Ressusciter la noblesse et la bourgeoisie comme classes politiques privilégiées, personne ne peut y songer, et en réalité personne n'y songe ; quant à refaire une royauté, c'est autre chose, et ceux qui y pensent sont peut-être plus nombreux que ceux qui n'y pensent pas. Il faut bien cependant se rendre à l'évidence des faits, la royauté ne peut être restaurée d'une façon durable ; toutes les tentatives faites dans ce sens ont échoué depuis quatre-vingts ans. Elle a accompli sa tâche, elle a fondé l'unité nationale, mais elle l'a accomplie par des moyens tels, qu'elle s'est discréditée et ruinée dans l'opinion ; de plus, elle n'a pas su se plier au rôle nouveau et tout différent qu'elle aurait pu remplir ; elle s'est montrée incapable de se réformer, d'abandonner le pouvoir personnel, incapable surtout de détruire la centralisation politique et administrative qui tue chez nous toute vie politique, et nous rend, sans défense, la proie des aventuriers et des factions. Si par hasard le trône relevé était occupé par un roi intelligent, bien intentionné et décidé à détruire la centralisation, il ne le pourrait pas, le parti conservateur, son plus ferme appui, ne le lui permettrait pas, car ce parti ne demande que l'inaction et le repos, soit au bord, soit au fond de l'abîme. L'élimination de la royauté, de la noblesse, de la bourgeoisie, ne laisse en scène que la nation, telle est l'exacte vérité des faits. Les faits ne se laissent pas violenter, ils se jouent des hommes ; le seul moyen de leur commander, c'est de les bien connaître et de leur obéir. La nation est seule debout, c'est de là qu'il faut partir ; il est inutile et dangereux de vouloir ruser avec ce fait ; on l'a essayé inutilement sous le second empire. La souveraineté nationale est le dernier retranchement où nous sommes acculés ; si nous le perdons, c'en est fait de la France.

Si donc il est établi que sans l'organisation de la province, la souveraineté nationale ne peut exister, ce sera un argument décisif en faveur de cette organisation.

Supposons un président élu tous les quatre ans, supposons-le jamais prince et toujours honnête homme, supposons un sénat dont les membres sont élus tous les six ans, et une chambre des députés renouvelables tous les deux ou trois ans, c'est déjà beaucoup exiger des Français en général, et des républicains en particulier, qui n'ont jamais su faire une constitution républicaine ayant le sens commun, aussi la république a-t-elle aussi bien échoué que la monarchie, et elle échouera encore si l'on ne s'y prend pas mieux, car pas plus que la monarchie et le parti conservateur, les républicains n'ont le pouvoir d'imposer leurs volontés à la nature des choses. Supposons ces trois points, et laissons tout le reste en place ; il n'y aura rien de fait, la souveraineté nationale sera encore escamotée par les institutions. Croit-on que dans ce cas la nation remplira son rôle, ce rôle qu'elle est fatalement appelée à jouer sous peine de périr, car personne ne peut le jouer à sa place d'une façon durable ? Ce gouvernement central, bien constitué en lui-même, sera encore par le fait de la centralisation chargé de trop de besogne pour l'accomplir utilement ; il sera trop loin de la nation pour que celle-ci le surveille comme elle doit le faire. Se figure-t-on que les électeurs français, peu au courant des affaires comme ils le sont, vont véritablement surveiller la gestion de ce gouvernement central ? C'est impossible. Le peuple souverain continuera, de loin en loin, à être appelé dans ses comices, et nommera l'un parce qu'il est riche, l'autre parce qu'il est noble, ensuite il rentrera dans son majestueux repos, sans rien comprendre non-seulement à ce qui s'accomplira en France, mais même à ce que valent, et ce que signifient les hommes qu'il aura nommés. Le choix des hommes chargés de diriger les affaires de la France, exige, pour être passable, de bien plus grandes habitudes politiques que n'en possède notre nation : c'est le couronnement de l'édifice, ce n'en peut être la base; quand on couronne un édifice sans avoir assuré sa base, le couronnement s'écroule. Nous sommes voués par les nécessités de notre situation, au régime démocratique, et les conditions sans lesquelles ce régime ne peut se tenir sur ses pieds et marcher régulièrement nous font à peu près complètement défaut; il y a là un cercle vicieux dont il faut sortir.

Ce n'est qu'à l'aide de l'organisation provinciale que les électeurs apprendront leur métier; les hommes qu'ils choisiront seront plus à leur portée, les affaires traitées également. Les Gascons surveilleront attentivement les intérêts gascons; les Normands, les intérêts normands. Tandis que si, comme à présent, le parlement central traite les affaires de toutes les provinces dans leurs plus minces détails, ceux qui sont chargés de les traiter, comme ceux qui les nomment, y perdent leur latin; rien n'est bien fait, ni surtout bien surveillé, et la souveraineté nationale n'est qu'un vain mot. N'est-il pas stupéfiant de voir le corps électoral nommer pour gérer les plus grands intérêts des pays, des gens, qui n'ont nulle part fait leurs preuves comme hommes publics, inconnus quant à leurs capacités, à eux-mêmes et aux autres, alors que si la province existait, on aurait pu juger à l'œuvre le savoir et les talents de chacun, sur un théâtre plus restreint, et où les écoles n'auraient aucune influence fâcheuse sur les destinées de la France, mais propre à former des hommes politiques pratiques, et le jugement de ceux qui doivent les nommer? En ne laissant subsister que le gouvernement central, on dégoûte et on égare le corps électoral, par la raison bien simple qu'il s'aperçoit très-vite qu'entre son vote et la marche des affaires, il y a une distance immense, et telle, que la puissance de son vote lui paraît s'évanouir; il est incapable, faute de les avoir vus à l'œuvre tout près de lui, de juger les hommes sur qui il peut porter son choix. La souveraineté du peuple n'est possible qu'à la condition, de la part des électeurs, d'avoir appris à connaître ses élus dans la manipulation des affaires provinciales; sinon ils agissent presqu'au hasard ou sous l'empire d'impulsions qui devraient rester complètement étrangères à leurs déterminations.

Il est encore une considération en faveur de l'organisation provinciale à laquelle nos derniers revers donnent une importance capitale. Nous avons perdu l'Alsace et la Lorraine, dès aujourd'hui, notre devoir est de songer à les recouvrer dans un temps plus ou moins éloigné; si telle n'était pas la pensée de la France, non secrète, mais hautement avouée, nous serions le dernier des peuples. Pour atteindre ce but, il nous faut un gouvernement central fortement constitué, composé d'hommes habiles, déchargés de tout souci secondaire, n'ayant à s'occuper que de l'armée, de la marine, des finances, de la diplomatie, en un mot des affaires générales du pays, et il nous faut des alliances en Europe. Pour avoir ces alliances, il faut que l'Europe croie à la durée du gouvernement que nous aurons; elle n'y croira que difficilement; elle sait trop bien que notre pays est le pays des coups d'Etat et des révolutions, pour qu'elle ne mette pas un temps excessivement long à avoir confiance dans ce gouvernement, quel qu'il soit; mais si elle voit que nous avons recours à l'organisation provinciale, et que nous savons en tirer parti, sa confiance nous reviendra plus vite, parce quelle comprendra très-bien quels gages de stabilité donne une pareille organisation.

Si la noblesse et la bourgeoisie ont disparu comme classes politiques privilégiées, les individus qui les composent, ont ni plus ni moins de droits que les autres citoyens ; s'ils sont capables, instruits, appliqués à l'étude des affaires publiques, et si pour ces raisons, les électeurs leur accordent leur confiance, il faut s'en applaudir ; dans ce cas, la résurrection et la création d'influences locales, est non à craindre mais à désirer; c'est par ce moyen seulement qu'on créera un personnel politique qui fait complètement défaut à la France. Autant il est fâcheux qu'on ne nomme un individu que parce qu'il est titré ou riche, autant il serait fâcheux d'exclure des fonctions électives un homme capable, parce qu'il est titré ou qu'il est riche. Les membres de la noblesse et de la bourgeoisie ne sont pas plus que les autres citoyens français, mais ils ne sont pas moins; l'instruction qu'ils ont reçue, la fortune dont ils jouissent et qui leur fait des loisirs, leur permet plus qu'à bien d'autres de s'occuper de politique, et s'ils plaisent au corps électoral par leur mérite, le corps électoral a bien le droit de les nommer. L'objection tirée de la résurrection des influences locales est donc vaine et ne mérite pas d'arrêter un esprit sérieux.

La crainte de voir l'unité de la Patrie compromise par l'existence des gouvernements provinciaux, est également sans fondement. On ne tombe jamais que du côté où l'on penche, on doit craindre qu'on ne sache pas donner, aux gouvernements locaux, tout ce qui leur revient, au lieu de craindre qu'on leur donne plus que ce qui leur revient. Aux Etats-Unis, l'unité nationale est fondée, la dernière guerre l'a bien prouvé, et cependant les États qui composent l'Union ont des attributions bien plus considérables que celles qu'on accordera jamais en France aux provinces. Pourvu que le gouvernement central conserve la direction de l'armée, de la marine, des finances, de la diplomatie, la plénitude du pouvoir législatif en ce qui concerne les intérêts généraux de la France, et l'autorité nécessaire pour empêcher les gouvernements provinciaux de dépasser leurs attributions, le but est atteint, et l'on doit se tenir pour satisfait. Du reste, la limite où s'arrêteront les pouvoirs provinciaux est facile à découvrir, parce qu'elle est naturellement indiquée par la nature des choses ; le législateur la trouvera facilement pour peu qu'il veuille s'en donner la peine ; de même que les intérêts communaux sont les intérêts communs à tous les habitants d'une commune, mais ne regardant que cette commune ; que les intérêts départementaux, sont les intérêts communs à tous les habitants du département, mais ne regardant que ce département ; de même les intérêts provinciaux seront les intérêts communs à tous les habitants d'une province et ne regardant que cette province. Si on a pu trouver la limite de la commune et du département, il ne sera pas difficile de trouver celle de la province.

Par les garanties qu'elle donne contre les entreprises des usurpateurs et des factions, par la facilité plus grande qu'elle donne à la nation de surveiller les faits et gestes de ses élus, pour des affaires plus à sa portée et qui l'intéressent plus prochainement, par la formation d'une nombreuse classe d'hommes habitués à la vie publique, par la décentralisation administrative et intellectuelle qu'elle procure, l'organisation provinciale est pour la France d'une nécessité absolue. Ce n'est pas un remède à tous les maux ; après l'avoir obtenue, nous ne pourrons pas, sans danger, nous livrer à tous les écarts de notre imagination ou à toutes les défaillances qu'amène la peur ; mais c'est le moyen le plus puissant de mettre un peu de plomb dans notre tête, de nous habituer à traiter les affaires publiques avec tout le sang-froid qu'elles réclament surtout dans les circonstances que nous traversons ; elle fournit le seul moyen de rompre avec les habitudes détestables que nous ont données, sous toutes ses formes, la centralisation la plus outrée, le despotisme des rois, des assemblées et des empereurs, et d'apprendre à la France le respect d'autre chose que des coups de force, heureux et plus ou moins habiles. Voilà ce qu'il faut avoir le courage de proclamer bien haut ; beaucoup voient le mal, qui n'osent indiquer le remède, écrasés par la tradition romaine, royale, jacobine, impériale, qui a infecté tous les esprits, même les meilleurs. M. Pelletan et le duc de Broglie sont les seuls qui, à ma connaissance, aient osé prononcer le mot de province : le premier timidement, en regrettant que la Convention n'eût laissé subsister que le département, fait fâcheux, mais sur lequel, vu les habitudes prises, il était presqu'impossible de revenir ; le second, d'une façon tout à fait insuffisante et à un point de vue trop exclusivement monarchique. Sans cette réforme, cependant, le salut de la France est une chimère.

De la Liberté de la Presse et du Droit de Réunion et d'Association.

Nombre d'instituteurs primaires, dans les campagnes surtout, au bout de quelques années d'exercice, sont complètement dégoûtés de leur profession, et ne la conservent que faute d'autre et parce qu'il faut bien gagner son pain. Toujours recommencer la même besogne, toujours apprendre l'A B C D aux enfants ! Ils ont appris à lire, tant bien que mal, à dix générations, sans jamais aller guère au-delà ; rien n'est fait : les nouveaux venus ne savent rien, il faut recommencer avec eux l'étude de l'Alphabet. L'instruction politique des générations qui se succèdent en France est aussi complète que celle de ces écoliers ; elle ne dépasse jamais la connaissance des premières lettres de l'Alphabet, qu'il faut continuellement enseigner de nouveau. Dans tous les arts, dans toutes les industries, dans toutes les sciences, les nouveaux arrivants profitent de l'expérience de leurs devanciers, prennent les questions où ils les ont laissées, et leur font faire un pas en avant, ce qui constitue le progrès ; en politique, point : nous avons les mêmes préjugés, nous sommes en proie aux mêmes illusions et aux mêmes erreurs que nos pères ; nous sommes au même point qu'eux, en face des mêmes difficultés, et tout aussi incapables qu'eux de les résoudre ; nous versons encore dans les ornières où, vingt fois déjà, ils se sont cassés le cou ; cet entêtement à recommencer la même série de fautes et à répéter le passé en l'aggravant, ne peut s'expliquer que par le manque complet d'instruction et d'éducation politiques de l'immense majorité des Français.

S'il est un point qui ait été mis hors de doute par l'expérience universelle, c'est l'absolue nécessité de la liberté de la presse. Sous le dernier règne, on s'était figuré la réduire à l'impuissance par de savantes mesures. Indépendamment de toutes les lois draconniennes que l'on sait, les journaux ne traitaient que les questions qu'on voulait bien leur abandonner ; une suspension immédiate attendait ceux qui violaient la consigne du ministre de l'intérieur. Qu'est-il arrivé ? Cette presse, qu'on se flattait d'avoir réduite à l'impuissance, a pu, en 1863, ce qu'elle n'a jamais pu dans aucun des pays où elle jouit de la liberté : on a vu trois ou quatre rédacteurs de journaux s'adjoignant quatre ou cinq députés, faire les élections de Paris. Ce n'est pas là ce qu'on s'était promis des chaînes dont on l'avait chargée. Un autre résultat a été atteint, dont on a été peut-être moins mécontent. Les esprits s'étant détournés de la politique, il s'est formé, à Paris surtout, des journaux ayant pour spécialité de raconter les histoires graveleuses, de faire pénétrer le public dans le boudoir des courtisanes et dans les mystères de la vie parisienne de la débauche et souvent du crime. Le succès a été grand, tellement grand, que la caisse se remplissant, ces journaux ont pu déposer un cautionnement, acquitter les droits de timbre, et traiter les affaires politiques comme ils traitaient celles des courtisanes. On ne saurait apprécier au juste l'impression défavorable pour la France produite par ces journaux sur l'étranger, qui les lisait, s'en amusait et nous méprisait. Ainsi donc le régime le plus dûr qu'ait subi la presse en France n'a produit que deux résultats : impuissance de ce régime et immoralité d'une fraction importante de la presse.

Les Royer-Collard, les Benjamin Constant, les de Tocqueville et tant d'autres qu'il est inutile de nommer, se sont occupés de cette question de la presse; après eux, il y a à peine à glaner ; mais, sur les dix millions d'électeurs qui constituent le seul souverain désormais possible de la France, qui les a lus? Tout ce qu'ils ont dit est comme perdu pour nous. Puisque le public ne se lasse pas dans ses terreurs ridicules, il ne se faut pas plus lasser que lui et lui répéter, jusqu'à ce qu'il soit convaincu, les arguments décisifs qu'on lui a mis cent fois sous les yeux en faveur de la liberté de la presse. Du reste, pas d'illusion, il ne le sera pleinement qu'après avoir vu, pendant un certain nombre d'années, la presse fonctionner sous ses yeux librement et sans danger, c'est à atteindre ce résultat que doivent travailler les esprits vraiment libéraux.

Dans sa *Démocratie en Amérique*, M. de Tocqueville a fait une étude approfondie des conditions faites à la presse dans ce pays. C'est un axiôme de la science politique aux États-Unis, que la puissance de la presse est en raison inverse de la liberté dont elle jouit. Ceci peut paraître paradoxal à ceux qui n'ont pas lu ce livre remarquable, et cependant rien n'est plus vrai. L'absence complète de toute réglementation, de tout obstacle, si petit qu'il soit, fait que les journaux naissent comme des champignons après la pluie ; une ville de 6,000 âmes, en Amérique, a au moins 7 à 8 journaux politiques, qui se neutralisent réciproquement; en France, elle n'en a le plus souvent pas un, et s'il y en a un, c'est une puissance qui se met uniquement au service de ses amis; les autres n'ont pas d'organe de publicité, grande cause d'infériorité pour ceux qui sont privés de ce puissant moyen d'action. Avec des lois restrictives, les journaux coûtent fort cher, on n'en lit le plus souvent qu'un seul, on n'entend qu'une cloche et on se fausse l'oreille et le jugement; chaque journal est une puissance mesurée à l'importance de sa clientèle ; avec la liberté pleine et entière, au contraire, les journaux ne coûtent presque rien, on en lit plusieurs, l'oreille entendant différents sons, redevient juste; d'ailleurs aucun de ces journaux si nombreux ne peut devenir une puissance, ceux qui le lisent en lisent d'autres également, et celui qui lit dix journaux ne peut être revendiqué comme partisan exclusif par aucun d'eux. Ces arguments sont suffisants pour démontrer que la puissance de la presse décroît en raison directe de sa liberté ; il n'en manque pas d'autres, mais il est fastidieux de montrer l'Alphabet à des gens qui devraient savoir lire.

En regard de l'axiôme qui a cours aux États-Unis, mettons celui qui a cours en France : un gouvernement ne peut exister avec la liberté de la presse. En d'autres termes, la liberté de la presse est chose tellement mauvaise en soi, qu'elle entraîne la chute de tous les gouvernements, et comme depuis quatre-vingts ans tous les gouvernements que nous avons eus ont été renversés, on vous dit sérieusement et triomphalement : Vous voyez bien que nous ne pouvons pas vivre avec cette liberté. Sous la Convention, la liberté de la presse n'existait pas ; on guillotinait ou on déportait les journalistes ; le Directoire n'a pas, que je sache, été renversé uniquement par elle, Bonaparte y a un peu aidé au 18 brumaire ; celui-ci a disparu sous les coups de l'Europe coalisée ; c'est Napoléon qui a renversé Louis XVIII aux Cent-Jours ; Charles X s'est renversé lui-même par ses ordonnances de juillet 1830 ; quant à Louis-Philippe, les causes de sa chute sont plus difficiles à démêler, mais pour établir que la liberté de la presse y est complètement étrangère, il suffira de rappeler que lorsque la révolution de février éclata, le *National,* en faveur de qui cette révolution semble avoir été faite, allait suspendre sa publication faute de fonds et d'abonnés ; quant à Napoléon III, la Prusse a plus de part à sa chute que la presse, au moins je le crois. Ces exemples qui embrassent toute notre histoire depuis quatre-vingts ans sont concluants, ce qui n'empêche pas que toutes nos catastrophes sont attribuées à la liberté de la presse, qui n'en peut mais, et a souffert de toutes. Bien loin d'être un danger, la presse est une garantie contre le danger ; elle attaque le mal sous toutes ses formes, sous quelque nom qu'il se cache, et cela avec une seule arme, la publicité ; un fait mauvais de quelque nature qu'il soit, par cela seul qu'il est porté à la connaissance du public, est combattu, et le retour en est prévenu. Les bons gouvernements vivent avec la liberté de la presse ; les mauvais, non. L'Angleterre, la Suisse, la Belgique, les États-Unis ont de bons gouvernements ; il vivent très-bien avec la liberté de la presse. En France, tous les mauvais gouvernements que nous avons eus, et ils ont été nombreux, ont enchaîné la presse ; les pires sont ceux qui l'ont tenue le plus court, et les moins mauvais ceux qui lui ont laissé le plus de latitude. On se fait généralement en France une idée radicalement fausse du rôle de la presse ; toutes les préventions qu'on a contre elle en découlent directement. On se figure que la presse égare, excite et crée l'opinion : ce peut être vrai dans les temps de trouble et de révolution pour une partie de la presse seulement ; la preuve en est dans les protestations énergiques contre les actes arbitraires du pouvoir, quel qu'il fût, qu'on a vu se produire à toutes les périodes de notre histoire contemporaine, et qui ont toujours amené contre la presse dissidente les mesures les plus violentes.

Le rôle de la presse est à la fois plus modeste et plus utile ; le journaliste n'a que deux besognes à faire dont l'une est beaucoup plus importante que l'autre. La première c'est de porter à la connaissance du public les faits qu'il a intérêt à connaître. Il est inutile de refaire la phrase obligée en pareil cas sur les chemins de fer, sur le télégraphe électrique, sur les relations internationales si prodigieusement développées depuis une trentaine d'années, il suffit de mettre en évidence ce fait qui ne sera contesté par personne, que, dans l'état actuel des choses, le besoin d'informations sûres, exactes et rapides, est universel et impérieux ; il l'est au point de vue des affaires et au point de vue de la politique. Une presse libre peut seule satisfaire à ces conditions, les informations particulières ne peuvent pas plus lui être comparées que le modeste coucou aux trains de chemins de fer emportant rapidement dans l'espace les voyageurs par centaines.

La presse est la meilleure police préventive connue, et elle ne coûte rien ; il y a une foule de vols qui ont été rendus impossibles par la divulgation des procédés des voleurs, vol à l'américaine par exemple, et si de loin en loin il y a encore des victimes de ces genres de vol, ce sont des gens qui n'ont jamais lu de journaux. Sous le dernier empire, où la presse ne pouvait s'occuper que des questions qu'on lui permettait de traiter, on ne saurait se figurer à quel point les intérêts privés ont été lésés par le silence qui lui était imposé. Il y a eu des affaires financières lancées par les familiers du prince, qui y faisaient des fortunes scandaleuses, tandis que les naïfs y perdaient tout leur argent ; les malins de la Bourse n'y étaient pas pris, mais bien le bon gros public ; si la presse avait été libre, ces honteuses pratiques eussent été dévoilées et l'épargne de plusieurs eût été sauvée. L'exemple le plus stupéfiant des désastreux effets du régime imposé à la presse par le second empire, est fourni par l'affaire Dumolard ; cet honnête industriel avait, comme on sait, la spécialité de l'assassinat des servantes ; il en a expédié plusieurs pendant un espace de temps assez long ; ce n'est que fort tard que la justice a mis fin à ses exploits. Le *Salut public de Lyon*, journal agréable s'il en fut, avoua, lorsque l'instruction fut commencée, qu'il avait eu vent de ces assassinats, mais qu'il n'avait pas osé en parler, de peur de déplaire à l'autorité, dont l'œil vigilant ne permettait à aucun autre d'y voir avant elle. A l'époque où florissait le régime de l'autorisation préalable, des négociants en vins de Narbonne, poussés par les besoins de leurs affaires, résolurent de fonder un journal s'occupant spécialement des intérêts du commerce des vins, mais comme ils avaient à soulever des questions économiques, ils demandèrent une autorisation qui leur fut toujours refusée.

La vérité n'est fâcheuse à dire que pour les coquins, dont elle dévoile les méfaits; mais elle est utile aux honnêtes gens qu'elle met en garde contre les coquins et en état de déjouer leurs mauvais desseins. Si un souverain, fût-il empereur, fait payer huit cent millions par an à ses sujets pour avoir une bonne armée de terre et de mer, et si lui, ou ses familiers, ou ses intendants, en mettent la moitié dans leur poche, je comprends très-bien l'intérêt de ce souverain et de ses complices à ce que la vérité soit cachée; mais je comprends encore mieux l'intérêt qu'a le contribuable a être exactement informé de ce qui se passe, afin qu'il puisse conformer son vote à ses informations. Par ce temps de suffrage universel, il est de la plus absolue nécessité que tout le monde soit au courant des affaires publiques; il ne peut l'être que par le moyen d'une presse se répandant partout, libre par conséquent de toute entrave. S'il en avait été ainsi sous l'empire, si la presse avait pu éclairer le public, des campagnes surtout, sur l'état de nos finances, de notre armée, de notre diplomatie, nul doute que nos derniers malheurs n'eussent été évités; la presse eût été, dans ce cas, l'organe conservateur par excellence.

Les dangers de la liberté de la presse sont beaucoup plus apparents que réels; quand on voit des journaux insensés prêchant la guerre civile, on peut être convancu qu'ils ne font que refléter l'état de surexcitation où se trouvent les esprits, et qu'ils ne le créent pas : le mal est antérieur à eux. Ils ont cet avantage de rendre le péril manifeste pour les moins clairvoyants; avec la compression de la presse, le mal existe, mais sans symptômes apparents, et la société s'endort dans une sécurité trompeuse. Si chacun sait à quoi s'en tenir, il mesure la profondeur de l'abîme et cherche à comprendre ce qu'il faut faire pour éviter d'y tomber. Dans la pratique, les Français jugent vite et mal; ils jugent vite parce que leur esprit est éveillé et prompt, ils jugent mal parce qu'ils sont le plus généralement très-mal ou point informés; quand ils seront exactement informés, et ils ne pourront l'être que par une presse libre, ils jugeront non moins vite, mais ils jugeront sainement. Les vingt ans d'empire nous ont donné des habitudes de mensonge dont nous aurons et dont la presse aura de la peine à se défaire. Peu à peu, et sans qu'il y faille un temps très-long, le calme se rétablissant, auront de l'influence les seuls journaux qui donneront à leurs lecteurs des informations parfaitement exactes; dans les temps de trouble où la passion domine tout, on sait presque gré au journaliste qu'on lit de cacher la vérité et de présenter les faits sous le jour le plus favorable à la passion du moment; mais le calme une fois obtenu, les menteurs seront vite délaissés, car personne n'aime à être trompé, et chacun s'apercevra bien vite que ce qu'il doit avant tout demander à son journal, c'est l'information exacte de qui se passe. C'est là la première fonction et la plus importante de la presse.

La seconde est loin d'avoir la même valeur. Après avoir mis le lecteur au courant des faits, le journaliste lui donne son opinion sur ces faits. De deux choses l'une, ou cette appréciation sera juste et sensée, dans ce cas on ne doit pas se plaindre de la liberté laissée à l'écrivain, elle ne peut produire que de bons résultats ; ou elle sera injuste et passionnée, partant nuisible ; mais comme il y a mille manières de se tromper et une seule d'être dans le vrai, les jugements injustes et passionnés se croiseront en mille sens divers et opposés qui se feront équilibre ; d'ailleurs, les journaux étant très-nombreux, chacune de ces erreurs ne fera que peu d'adeptes, et au bout d'un certain temps les feuilles à la voix avinée et éraillée à force de crier, finiront par périr faute de lecteurs ; quand on est rentré dans le calme, rien de plus agaçant que d'écouter les gens en colère.

La répression des délits de presse est chose impossible à la justice ordinaire. Les tribunaux y ont été et y seront toujours impuissants ; si l'opinion publique ne ratifie pas la décision judiciaire qui frappe le journal, c'est le juge qui est frappé par son arrêt, non le journal ; si l'opinion publique la ratifie, elle est inutile parce que le journal ne peut vivre que soutenu par l'opinion ; si elle lui fait défaut, il est condamné sans appel, son existence ne peut être de longue durée. En Amérique, les pouvoirs publics et la justice n'ont pas plus à s'occuper de la presse que des commérages de bonne femme. En Angleterre, où il existe des lois très-dures contre la presse, ces lois sont complètement mises en oubli, parce que l'esprit public s'est formé, et qu'on a reconnu que le seul juge dont les arrêts soient respectés en matière de presse, c'est l'opinion publique. Sur un point seulement, il faut admettre, et énergique, la répression des délits de presse. Si un journal diffame un individu, l'auteur de l'article ou son répondant doit être condamné à de forts dommages et intérêts envers le diffamé, pour qu'il n'ait plus l'envie de recommencer son ignoble métier. Mais alors, la preuve du fait diffamatoire doit être permise à la condition que le fait, s'il était établi, conduisît son auteur devant les tribunaux. A ce sujet, un exemple. Il y a trois ou quatre ans, un habitant de Paris, fort bien posé dans son quartier, était chargé de la distribution aux nécessiteux des bons du bureau de bienfaisance. Un autre habitant de Paris, pas de ses amis, s'avisa de dire sans trop se gêner qu'il trafiquait des bons qu'on lui confiait, et s'en servait pour payer la nourrice de son enfant et certain de ses fournisseurs. Procès et condamnation à de forts dommages et intérêts de celui qui avait eu la langue trop longue, et qui ne put tenter de justifier son dire, puisque la loi défend la preuve du fait diffamatoire. A quelque temps de là, la justice informa contre le dispensateur des bons du bureau de bienfaisance, il fut condamné ; tout ce que son adversaire lui avait reproché était vrai et fut prouvé. Une loi qui permet la première de ces condamnations est mauvaise et doit être réformée. Il faut donc admettre la preuve du fait diffamatoire, condamner le diffamateur s'il ne peut prouver son dire, mais interdire la preuve du fait diffamatoire, s'il ne tombe pas sous le coup de la loi ; sans quoi, il n'y aurait plus ni repos, ni sécurité pour les familles.

Lorsqu'on parle de liberté de réunion en France, on voit se dresser le souvenir des clubs de 93, de 48, et en dernier lieu des réunions de Belleville.

Ces exemples ne prouvent absolument rien contre la liberté de réunion. On ne saurait comparer ce qui s'est passé en 93 et en 48, temps de troubles et de révolutions, à ce qui se passerait en des temps de calme, où chacun depuis le plus petit jusqu'au plus grand, est obligé d'aller à ses affaires et à son travail pour gagner sa vie, où, par conséquent, la présence au club ne peut être l'unique affaire des citoyens, qui ne se serviront de la liberté de réunion qu'accidentellement, lorsque le besoin en sera réel, et pour un but vraiment utile. Il y a une raison plus décisive pour que ces souvenirs, toujours rappelés avec tant de complaisance par les peureux, n'aient rien à démêler avec la liberté de réunion : à ces époques, cette liberté n'existait pas du tout ; il y avait une certaine opinion qui tenait le haut du pavé, avait seule la parole, et comprimait violemment toute opinion contraire. Je ne saurais admettre que ce soit là un exemple des effets de la liberté ; j'y vois au contraire un exemple des fâcheux effets du manque de cette liberté ; si toutes les opinions avaient pu se produire, de grandes fautes et de grands malheurs eussent à coup sûr été évités. Pour que cette liberté existe autrement que de nom, il faut que des réunions de toute opinion et de toutes couleurs puissent se tenir librement et sans être inquiétées soit par l'autorité, soit par des gens quelconques. Elle n'a jamais existé en France à aucune période de notre histoire ; l'expérience, n'ayant jamais été faite, ne peut être invoquée contre ceux qui la réclament.

Quant aux fameuses réunions de Belleville, il n'y a que les naïfs, il est vrai qu'ils composent la presque unanimité du bon peuple de France, qui ignorent qu'elles constituaient la manœuvre bonapartiste la plus audacieuse et la plus infâme. « Ah! vous voulez de la liberté de réunion, » disait Bonaparte, « vous voulez discuter les actes de mon autorité, savoir ce que devient votre argent, mettre le nez dans la façon dont se manipulent les élections, connaître ma politique extérieure et où elle vous mène, vous voulez surveiller la gestion de ces mille agents politiques occultes ou non que je tiens sous ma botte, et qui vous tiennent sous la leur, cela je ne vous le permettrai pas, vous finiriez par y voir clair, et cette clarté serait le signal de ma trop juste perte ; mais de la liberté de réunion je vais vous en donner. » Alors, s'ouvrirent les réunions de Belleville, où aucune question politique ou municipale ne pouvait être traitée, où les Parisiens ne pouvaient examiner et critiquer la désastreuse administration de M. Haussmann, mais en revanche où s'étalaient les théories sociales les plus absurdes et les plus criminelles, et où des hommes postés et soudoyés par la police, attaquaient ceux qui faisaient à l'empire une courageuse opposition. La farce était jouée, le droit de réunion était restitué; la bourgeoisie en province surtout, affolée de peur, se tournait vers cet excellent empereur et lui criait : « Sire, sauvez-nous du danger. » L'empereur riait sous cape et disait majestueusement aux bourgeois : « Seul, je suis assez fort pour vous empêcher d'être avalés par ces gens-là; » et aux gens de Belleville : « Les bourgeois vous ont en horreur, et ce que vous aurez de vos droits, c'est à moi que vous le devrez. » Vraiment, la nation française a parfois autant d'intelligence que le taureau des courses espagnoles qui se jette furieux sur un morceau de drap rouge, tandis que son ennemi est à deux pouces, intact et se moquant de lui.

Une fois admis, le suffrage universel et la souveraineté nationale comme seules bases possibles de notre droit public, il faut bien concéder aux citoyens le droit de se réunir et de s'associer. Lorsqu'il s'agit d'élections, comment les membres de colléges qui comprennent jusqu'à 100,000 électeurs et plus, pourraient-ils arriver à une action commune, s'ils n'ont pas toutes facilités pour se concerter, savoir le but qu'ils veulent atteindre, connaître les hommes qui répondent à leurs aspirations, et choisir parmi eux les plus capables de les représenter. Ce ne sont pas seulement les réunions préparatoires qui sont indispensables; il faut encore qu'il y ait des associations électorales permanentes, afin de rédiger un programme, de formuler et de préciser les idées et les moyens de les faire réussir; c'est par ce moyen seulement que le public pourra se former à la vie publique; ce n'est qu'en étudiant les questions sous toutes leurs faces, que nous sortirons de ces aspirations vagues et irréfléchies qui nous ont fait toujours faire fausse route; les masses ne savent pas se rendre compte de ce qu'elles veulent, ni à plus forte raison des moyens réguliers à employer pour le faire prévaloir; aussi, pour peu qu'on soit dans un moment de troubles, et qu'on se trouve en face de difficultés graves et imprévues, elles ne savent où est le droit, et ignorent complètement où il faut aller et ce qu'il faut faire.

En dehors du domaine exclusivement politique, le droit de réunion trouve de nombreuses et utiles applications.

Un jour ou l'autre, la séparation de l'Église et de l'État sera un fait accompli. La liberté de réunion et d'association sera indispensable aux fidèles, à quelque dénomination qu'ils appartiennent, pour pourvoir aux frais de leur culte et à toutes les mesures d'organisation et d'administration. Sans cette liberté, on pourra bien mettre sur l'enseigne de notre édifice politique : Liberté des cultes et de conscience, mais elle n'existera que sur le papier ; car d'un côté on supprimerait tout salaire, toute l'organisation du clergé telle qu'elle existe, et d'un autre côté, on empêcherait en mettant des entraves à la faculté de se réunir et de s'associer, toute organisation spontanée et ayant à sa base le concours et la commune action des fidèles ; ce serait une persécution déguisée et pas autre chose.

S'il s'agit de bienfaisance, on est encore réduit à l'impuissance la plus complète, si l'on ne peut librement se réunir et s'associer. On se rappelle que, lors de la guerre de Crimée, des personnes charitables, des dames surtout, se cotisèrent pour fournir à nos malades et à nos blessés, du linge, de la charpie, du tabac, des vêtements chauds, etc. Ce beau mouvement se ralentit bien vite, et n'aboutit à aucun résultat sérieux. Pour deux raisons : en premier lieu, ayant toujours été tenus dans les lisières administratives, nous ne savons nullement agir par nous-mêmes, et dès qu'en dehors de nos affaires privées il nous faut faire une besogne un peu compliquée, n'en n'ayant ni l'habitude ni le goût, nous nous laissons rebuter par les premières difficultés. En second lieu, eussions-nous toute la bonne volonté et toute l'expérience nécessaires, l'administration qui sait tout, voit tout, fait tout, ne voudrait pas permettre qu'on vînt la suppléer en rien. Dans le cas qui nous occupe, elle empocha tout sans remercier et sans rendre compte de rien ; les gens qui donnent aiment à savoir ce qu'on fait de leurs dons, à en diriger et à en surveiller l'emploi, sinon ils ferment leur bourse. Lors de la révolte du Sud, aux États-Unis, les souffrances de la guerre donnèrent naissance au même mouvement charitable qu'avait provoqué en France la guerre de Crimée ; mais les résultats furent tout autres sur cette terre classique de la liberté. Sur toute la surface du territoire, des comités de dames s'établirent pour réunir les dons de toute sorte qu'on voulait faire parvenir aux soldats fédéraux. Ces comités agirent isolément d'abord, ce qui produisit de fâcheuses conséquences. Chaque comité agissant sans s'entendre avec les autres, certains corps d'armée recevaient au-delà de leurs besoins, tandis que d'autres ne recevaient rien du tout. Grâce à l'habitude de la vie publique, du concert en commun pour atteindre un même but, les différents comités de dames formèrent un seul comité central, à la tête duquel on mit des hommes habiles et dévoués ; dès lors, on arriva à des résultats étonnants. Un service complet fut organisé non-seulement pour pourvoir aux pansements de tous les blessés, à l'installation d'hôpitaux temporaires en bois, à la formation et à l'entretien d'un corps nombreux de chirurgiens et d'infirmiers à la solde de l'association qui disposait d'un budget de cent millions par an, fruit de dons volontaires, mais encore pour savoir ce que devenaient les soldats de l'armée fédérale, à qui la commission sanitaire (c'est le nom qu'avait pris cette puissante association) délivrait des feuilles de route lorsqu'ils étaient renvoyés chez eux comme convalescents, en leur assurant pour toute la durée de leur voyage le gîte et la nourriture gratis dans des hôtels désignés d'avance. Voilà à quels résultats est arrivé par la liberté de réunion, d'association, et aussi par celle de la presse, sans une large publicité on n'aurait pu rien faire, un peuple libre et habitué à se servir des outils que la liberté remet entre ses mains.

Ç'a été de tout temps l'erreur du parti conservateur et des hommes chargés du gouvernement de la France, de croire que pour se défendre de ce qu'on appelle les mauvaises passions, il n'y a qu'à comprimer la liberté et surtout celles de la presse et de réunion. C'est aussi sensé que de boucher hermétiquement une chaudière tout en faisant grand feu au-dessous ; elle a beau être solide, elle finira par éclater, tandis que la plus méchante marmite résistera indéfiniment pourvu que l'eau bouille à air libre. Ayons le courage de laisser passer les temps orageux sans restreindre la liberté, et nous serons tout étonnés de voir que, l'orage une fois calmé, la liberté est restée et que nous en retirons tous les fruits ; l'usage rationnel, paisible de la liberté, subsistera ; l'usage abusif disparaîtra de lui-même, parce que les peuples comme les individus se lassent vite de cet état violent qu'on appelle la révolution chez les premiers, la colère chez les seconds. Qu'avons-nous vu après les agitations de 1848 ? La lassitude amener le calme, plus que le calme, le dégoût de la vie publique ; la liberté était alors sans danger ; si nous avions su la garder, nous aurions à la fois le calme et la liberté. Nous sommes aujourd'hui dans une situation non moins troublée, ne recommençons pas les mêmes fautes.

La liberté aura cet immense avantage de développer chez le citoyen français un sentiment qui lui fait complètement défaut, celui de sa responsabilité. Il est tellement habitué à voir tout se faire par le gouvernement, qu'il perd l'appréciation exacte de son pouvoir et de son devoir ; pour lui, ce qu'il peut se réduit à deux choses : ou soutenir en tout le gouvernement, ou le renverser ; de son côté, le gouvernement veut qu'on lui passe tout ou qu'on le renverse. Il n'y a dès lors ni progrès ni stabilité possibles ; quand on est las d'endurer les sottises de son gouvernement, on le renverse ; quand on est lassé des renversements, on prend le premier gouvernement venu, on recommence à tout endurer de lui, jusqu'à ce qu'un beau jour il disparaisse comme ses prédécesseurs. En développant le sentiment de la responsabilité, la liberté rendra le citoyen plus circonspect, soit pour renverser, soit pour endurer ; on voudra à la fois moins renverser son gouvernement et moins endurer de lui. Le corps électoral étant infiniment mieux informé avec un régime libre qu'avec un qui ne l'est pas, ses déterminations seront moins passionnées, plus éclairées, et risqueront moins de se porter aux extrêmes.

Sans doute, il faut se défendre contre les mauvaises passions, qui existent en France ni plus ni moins qu'ailleurs ; la liberté est le meilleur moyen de les combattre. Vingt ans de compression impériale n'ont en rien conjuré le danger des idées malsaines qui, dans les grandes villes, fermentent au sein des classes ouvrières ; il n'a fait que l'aggraver. L'erreur doit être combattue par la raison, non par la force ; nous sommes trop habitués en France à appliquer aux hommes qui ont sur la condition des classes ouvrières des idées s'écartant de celles qui sont généralement admises, les procédés du catholicisme à l'égard des dissidents, la conversion par les dragonnades, l'emprisonnement, etc. Tout n'est pas faux dans les idées de ces gens-là ; le sort de la classe ouvrière est dur, et ce n'est pas par la suppression de la liberté de la presse, de réunion, par les commissions militaires et par l'état de siége, qu'on arrivera à réformer leur jugement. Il faut leur persuader d'abord qu'on n'a aucun mauvais dessein contre eux : ce sera difficile, car ils ont été si souvent mitraillés, déportés et traqués de toute façon, qu'ils sont défiants, et pendant longtemps ne croiront guère qu'à la force ; il faut ensuite étudier avec eux et devant eux le problême social et les meilleurs moyens de le résoudre. De cette libre et paisible recherche résultera d'abord un grand apaisement ; on leur apprendra, et ils apprendront aux autres ; ce n'est pas par la colère mais bien par l'étude attentive qu'on vient à bout des difficultés. Ces masses que trop de gens sont habitués à considérer comme des bêtes féroces contre lesquelles on n'aura jamais ni assez de chaînes, ni assez de barres de fer (les chaînes et les barres de fer n'ont jamais servi à rien jusqu'ici), sont susceptibles, lorsqu'elles s'égarent, d'être ramenées au sentiment du vrai et du juste, pour peu qu'on sache s'y prendre. (*)

(*) Quelques semaines après le 24 février, l'autorité lyonnaise fut avertie, un beau matin, que les ouvriers devaient venir en masse, à l'instant même, sur la place Bellecour, pour jeter par terre et détruire la statue équestre de Louis XIV, qui orne cette place. Trois bataillons furent envoyés à la hâte et se rangèrent en bataille sur la place. Il n'y étaient pas depuis cinq minutes (je tiens ces détails d'un acteur de la scène, un soldat), que les ouvriers débouchèrent au nombre de 20,000 environ ; à leur tête était un grand gaillard bras nus, et ceint d'une écharpe rouge ; il fut arrêté par la première sentinelle. Le chef de bataillon (je regrette d'ignorer son nom, c'est celui d'un homme de cœur et d'esprit) qui exerçait le commandement, s'approcha, et le colloque suivant s'établit entre lui et celui qui paraissait être le chef des ouvriers :

« Citoyen, que voulez-vous ? »

« Citoyen commandant, nous sommes venus vingt mille sur la place Bellecour, pour jeter par terre la statue du tyran, et la mettre en pièces. »

« Et moi qui suis ici, tout exprès pour vous en empêcher ! »

« Nous sommes en République, nous ne voulons plus de rois ni sur le trône ni sur les places, rien ne nous empêchera d'accomplir notre dessein, » et d'un geste menaçant, il montrait les masses profondes des ouvriers qui étaient à quelques pas derrière lui.

Le moment était solennel, une lutte affreuse pouvait s'engager. Après quelques

Tous ceux qui ont employé des ouvriers en grand nombre, disent que les ouvriers ne sont pas des brutes, mais des hommes, et qu'il faut les traiter comme tels ; quand on l'a fait, on n'a pas eu lieu de s'en repentir (**). Ce qui est vrai pour les rapports des patrons avec les ouvriers, est vrai des rapports de la société et de la classe ouvrière. Qu'on l'éclaire,

secondes de réflexion, et sans perdre son sang-froid, le commandant poursuivit :

« Malgré les ordres formels que j'ai reçus et la certitude que j'ai de les faire exécuter, je vous laisserai faire ce que vous voulez, mais j'y mets une condition : Allez au grand théâtre, enlevez la toile, déchirez-là en mille morceaux, et quand vous m'en aurez apporté les débris sous les pieds de mon cheval, je me retirerai avec la troupe, et vous ferez ce que vous voudrez de la statue de Louis XIV. »

Le chef des ouvriers se grattait l'oreille et ne se pressait pas de répondre.

Profitant du léger avantage que lui donnait sur son interlocuteur, l'embarras dans lequel il l'avait jeté, le commandant lui dit d'une voix brève et d'un ton d'autorité :

« Allons, dépêchez-vous, faites part de mes intentions à vos hommes, afin qu'ils décident eux-mêmes. »

La ceinture rouge s'exécuta à regret, et en assez peu de temps, la nouvelle de l'étrange proposition du commandant gagna de proche en proche, et parvint jusqu'aux derniers rangs des ouvriers. Ce ne fut alors qu'une clameur, dans laquelle on distinguait des paroles comme celles-ci :

« Commandant, ce n'est pas possible. — La toile du grand théâtre est en soie, — c'est le chef-d'œuvre de l'industrie lyonnaise, — c'est nous qui l'avons faite, — c'est notre honneur à tous, — nous ne pouvons la détruire. »

« Ah ! vous ne pouvez la détruire, et cependant que représente-t-elle? La place Bellecour. Qu'avez-vous mis au milieu de votre toile? La statue même de Louis XIV. Vous voulez qu'on respecte l'œuvre de vos artistes, et vous ne voulez pas respecter l'œuvre de l'artiste de génie qui a fait cette statue. Allons donc, votre œuvre n'est pas plus respectable que la sienne; si vous voulez conserver l'une, il faut conserver l'autre. Respectons tous les chefs-d'œuvre, tous sont la gloire de la France. Du reste, vous connaissez mes intentions, c'est à vous de décider. »

On vit alors un spectacle curieux ; tous les ouvriers se réunirent par groupes de vingt à trente, et causèrent entre eux pendant un moment; puis, sans nouvel incident, s'éloignèrent paisiblement et peu à peu; demi-heure après, il n'y avait plus un ouvrier sur la place.

(**) M. Renouard de Bussière jugea à propos, en 1865, je crois, la date est restée incertaine dans mon esprit, de donner sa démission de député au Corps Législatif, et de se soumettre à une réélection. M. Laboulaye se présenta en concurrence avec lui ; il fut battu à plate couture. L'opposition comptait sur un succès ou tout au moins sur une défaite honorable, et notre consternation fut grande à nous autres libéraux en présence d'un échec pareil. Pour ma part, je ne pouvais ni m'en consoler ni surtout le comprendre. Deux ou trois ans après, le hasard m'ayant mis en rapport avec un alsacien intelligent et instruit, je lui demandai la cause du succès de M. de Bussière. C'est bien simple, me répondit-il. Tous les grands manufacturiers de nos pays ont fait beaucoup pour la classe ouvrière ; dans deux circonstances critiques, en 48 et lors de la disette du coton, ils ont porté leur argenterie à la monnaie et ont fait les plus grands sacrifices pour continuer à donner, alors qu'il était suspendu partout, du travail à leurs ouvriers, qui s'en sont souvenus au moment du vote.

qu'on fasse appel à sa raison, qu'on débatte sérieusement et pacifiquement avec elle les questions politiques et sociales à l'ordre du jour, et l'on trouvera des gens capables de comprendre ce qu'on leur dit, et de modifier leur conduite; mais il faut alors renoncer à l'unique protection du pouvoir et se protéger soi-même; il faut comprendre que l'immense tâche imposée à la nation ne peut être accomplie que par chacun des individus qui la composent. La société française n'aura de repos et de tranquillité que ce qu'elle saura en conquérir par elle-même, en s'éclairant sur chaque question, en la discutant, en l'envisageant sous toutes ses faces, en examinant dans toute ses conséquences, chaque solution proposée. Sous tous les rapports, nous sommes une nation de travailleurs, sous le rapport politique, nous sommes fainéants et ignorants, et sur ce point nos affaires vont fort mal, comme celles de tous ceux qui sont fainéants et ignorants. Il faut donc travailler; l'instrument indispensable du travail politique, instrument sans lequel on ne peut rien, c'est la liberté, et surtout la liberté de la presse, de réunion et d'association.

CONCLUSION

Je termine ici ces modestes études interrompues bien souvent par mes occupations journalières, car je ne suis pas un homme de loisir, plus d'une fois aussi par l'étranger s'installant à mon foyer et mangeant à ma table. De graves événements se sont accomplis depuis qu'elles sont commencées : après la guerre étrangère, la guerre civile est venue s'abattre sur notre malheureux pays. Plus que jamais, la question est posée entre la République et la Monarchie; elle devra forcément être résolue lorsque la Constituante sera réunie ; il faut donc nous préparer d'avance, sans quoi nous serons encore pris au dépourvu, comme nous l'avons toujours été en tout et pour tout, et examiner quelles sont les chances de réussite d'un établissement monarchique, les conditions qu'il réclame pour avoir quelque valeur, et si la France les réunit. Il est à désirer que le débat si nettement posé entre la Monarchie et la République soit tranché le plus tard possible, afin de donner aux esprits extrêmes le temps de se calmer, de revenir à des sentiments plus modérés, et d'y voir plus clair dans la situation de notre malheureux pays. Tout atermoiement, du reste, profite à la République, qui est notre gouvernement de fait, et dont l'établissement définitif serait assuré, si pendant qu'elle dure à l'état provisoire, elle parvenait à nous donner deux choses que nous n'avons jamais pu posséder simultanément : l'ordre et la liberté.

Je l'ai déjà dit, je suis républicain non de passion et de parti pris, mais de raison et de conviction acquise. Je vais discuter la possibilité de la Monarchie en France, avec autant de sang-froid et d'indifférence intellectuelle, que j'en mettrais à discuter un problème d'algèbre ou un point obscur d'histoire naturelle; peu m'importe le résultat auquel me conduiront mes recherches, pourvu qu'il représente la vérité.

La Monarchie présente un avantage qui est considérable : la place suprême est constamment occupée par le chef de la famille régnante, ce qui oppose une barrière infranchissable aux ambitieux, assure la stabilité, et permet à la nation de suivre paisiblement le cours de ses destinées. Pour que, sur ce point, la royauté ait toute son efficacité, il faut que l'immense majorité du pays accepte l'hérédité; il faut que le respect envers la famille royale soit universel, et que nul ne songe à lui contester le droit qu'elle a d'occuper le trône. Cette condition nous fait complètement défaut; le parti républicain grandit tous les jours, et suffirait à lui seul pour faire obstacle à l'établissement définitif de la royauté. De plus, le roi, à quelque race qu'il appartienne, aura toujours au moins un compétiteur monarchique, dont les partisans renforceront singulièrement les forces de l'opposition républicaine. La croyance à l'hérédité est morte au cœur même de ceux qui se croient royalistes ; la preuve en est que la plupart d'entre eux se sont contentés et se contenteraient encore d'un roi quel qu'il fût et d'où qu'il sortît, ce qui est la négation même de la royauté; on ne choisit pas son roi, on le prend tel que l'hérédité le donne. Quand à refaire une hérédité dans des temps troublés comme le nôtre, c'est folie d'y songer ; autant penser à refaire une armée disciplinée sous le poids des défaites et en face d'un ennemi puissant et victorieux : nous l'avons essayé et il nous en cuit encore. Un homme sensé croira-t-il jamais qu'on puisse refaire une hérédité dans ce pays qui depuis quatre-vingts ans a vu tomber Louis XVI, Napoléon Ier est tombé deux fois, Napoléon II n'a pu tomber n'ayant jamais régné, Louis XVIII, Charles X, Louis-Philippe et Napoléon III? Henri IV était un maître homme, désigné au trône par l'hérédité; il a eu toutes les peines du monde à habiter le Louvre, et cependant la ligue n'avait pas porté au principe de l'hérédité monarchique des coups comparables à ceux qui lui ont été portés pendant ces quatre-vingts dernières années.

Les grandes villes de France, Paris en tête, sont foncièrement républicaines, les campagnes ne le sont pas, si tant est qu'elles soient ou ne soient pas quelque chose. Rétablir la royauté, c'est susciter la guerre civile dans nos grandes villes. Si l'on comptait en faveur d'un établissement monarchique sur la lassitude qui suit forcément les grandes crises et sur le calme qui en est la conséquence forcée, le calcul pourrait être juste tout d'abord, mais il cesserait bientôt de l'être. Avec le temps et le repos, l'énergie reviendrait aux grandes villes, et avec l'énergie, le désir d'abord, la possibilité ensuite de renverser la royauté. Lorsqu'il s'agit de votes, les campagnes l'emportent dans la balance, mais lorsqu'il s'agit de luttes intestines, les grandes villes décident du sort du pays; c'est un fait que je n'incrimine ni ne justifie, je me borne à le constater et à faire observer qu'il faut en tenir grand compte.

Il y a enfin à toute restauration monarchique une dernière impossibilité que je mets au défi les royalistes les plus zélés et les plus habiles de lever. Nous allons rétablir le trône, c'est entendu. Qui va-t-on y mettre? J'accorde que le choix du monarque ne soulève aucune difficulté, et qu'une fois fait, toutes les autres races de prétendants disparaissent à tout jamais. Au nom de quel principe va-t-on relever ce trône? Au nom de la légitimité et du droit divin? Dans quelque canton reculé, il est possible qu'on caresse une espérance aussi folle, ailleurs non. Dans un pays où le suffrage universel existe depuis plus de vingt ans, le droit divin est mort, et il n'est au pouvoir de personne de le ressusciter. Les naïfs de la royauté, ce sont eux qui forment les gros bataillons, ont une autre solution toute prête, et qui, selon eux, doit faire merveillle : la royauté sera rétablie au nom de la souveraineté nationale ; soit directement, et par un procédé se rapprochant du procédé plébiscitaire, soit par l'intermédiaire de ses représentants, la nation va choisir un roi, elle le peut si elle le veut puisqu'elle est souveraine. A cela, je répondrai par une anecdote et par un argument.

J'ai connu, il y a quelques années, un nègre ivrogne et paresseux qui avait quitté la Caroline du Sud et était venu en France. Il me demanda, un jour, fort perplexe, si l'on était libre en France. La question était délicate, mais comme je me savais en face d'un ancien esclave, je répondis sans hésiter qu'on était parfaitement libre de faire ce qu'on voulait. Tant mieux, me dit-il, j'avais des doutes, mais vous les levez ; je vais me vendre pour une bonne somme, et quand elle sera bue, j'irai chez mon maître. Je ne pus jamais lui faire comprendre que c'était précisément parce qu'on était libre, qu'il ne pouvait se vendre comme esclave. Il s'en alla en marmottant entre ses dents : mais, sacrebleu, si on était libre comme on le dit, je pourrais me vendre, si je ne puis me vendre, c'est que je ne suis pas libre. Ceux qui veulent rétablir la monarchie au nom de la souveraineté nationale, sont d'aussi forts logiciens que ce nègre.

Voilà l'anecdote et voici l'argument.

Il sera possible à la nation, si elle veut, de choisir un roi, mais ce qu'elle ne pourra, ce sera de faire une royauté, c'est-à-dire une charge se perpétuant par l'hérédité. Si cette royauté a pour fondement la volonté nationale, ce n'est plus une royauté, car ce que la nation aura pu faire à un moment en vertu de sa souveraineté, elle pourra le défaire à un autre moment. Napoléon III avait eu la prétention grotesque de fonder une dynastie, c'est-à-dire une hérédité, sur le principe de la souveraineté nationale. Si cette entreprise avait eu l'ombre du sens commun, l'hérédité aurait dû produire au moins une fois ses effets avant une nouvelle mise en jeu de la souveraineté nationale, ce qui n'a pu avoir lieu. Par la force des choses, Napoléon III a été amené, après dix-huit ans de règne, à se faire consacrer de nouveau par elle, tant le principe de la souveraineté nationale est supérieur à celui de l'hérédité et le domine de toute sa hauteur. Il est absurde et contradictoire de vouloir faire coexister le principe de la souveraineté nationale et celui de la monarchie ; il faut que l'un détruise l'autre ; or, comme le suffrage universel, qui n'est que la mise en pratique du premier, ne peut être enlevé, il faut de toute nécessité que le second disparaisse. Tout ce qu'on peut espérer, c'est une monarchie élective ; si le sort de la Pologne nous fait envie, nous n'avons qu'à essayer.

Il est un dernier procédé de repeupler le trône que j'allais oublier. La main de l'étranger. Rien d'impossible à ce que la Prusse, pour empêcher la France de se relever et de prendre la revanche à laquelle elle a droit, ne nous impose Napoléon III ou un Bonaparte quelconque. A cela, il n'y a rien à dire. On ne dit rien à la peste, on se contente d'en mourir.

En résumé, toute restauration monarchique est impossible, parce que les quatre-vingts dernières années ont détruit en France, sans retour possible, l'hérédité, qui est le seul titre sérieux de la royauté ; parce que les grandes villes ne veulent plus de roi et que ce sont elles qui décident du sort du pays ; enfin, parce qu'il est contradictoire que la souveraineté nationale coexiste avec la monarchie héréditaire. La royauté n'a de chances que celles que voudront bien lui faire certains républicains ; remarquons en passant que chaque parti en France n'a guère jamais eu à son actif que les fautes de ses adversaires ; il n'est arrivé au pouvoir et ne s'y est maintenu que grâce à elles, ses mérites y ont toujours été étrangers. Si la royauté revient, ce sera grâce à ces républicains, dont quelques-uns sont de bonne foi, c'est là l'agaçant de la chose. Si j'avais quelques chances d'être écouté par eux, je leur dirais : « Pour Dieu, mes amis, tenez-vous tranquilles, faites les morts pendant dix ans, et ressuscitez ensuite ; vous verrez une République Française, grande, paisible, prospère et respectée du monde entier ; mais si vous vous en mêlez, je ne réponds plus de rien. »

NOGENT-SUR-SEINE, IMP. FAVEROT

www.ingramcontent.com/pod-product-compliance
Lightning Source LLC
Chambersburg PA
CBHW051634060726
47597CB00004B/1563